मिर्ज़ा ग़ालिब

भारतीय साहित्य की महान शख़्सियत मिर्ज़ा ग़ालिब का जन्म 27 दिसम्बर, 1797 को आगरा में हुआ। उर्दू और फ़ारसी, दोनों भाषाओं के अज़ीम शाइर और गद्यकार। 1857 के इंक़लाब पर 'दस्तंबू' नाम से एक ऐतिहासिक पुस्तक लिखी। उर्दू और फ़ारसी में लिखे गए ग़ालिब के असंख्य पत्र दोनों भाषाओं के साहित्य में उत्कृष्ट दर्जा रखते हैं।

1816 में ग़ालिब के अपने हाथ लिखी हुई एक बयाज़ (जिसे 'नुस्ख़ा-ए-भोपाल' कहा जाता है) से पता चलता है कि 'दीवान-ए-ग़ालिब' (उर्दू) में संकलित अधिकतर ग़ज़लें 19 वर्ष की उम्र में लिख चुके थे। इसके बाद वो ज़्यादातर फ़ारसी में लिखते रहे। ग़ालिब ने फ़ारसी में कुल ग्यारह मसनवियाँ लिखीं। 'चिराग़े-ए-दैर' उनकी तीसरी मसनवी है। यह बनारस पर लिखी गई कविताओं में श्रेष्ठ कही जाती है। इसकी एक विशेषता यह भी है कि यह ईरान, अफ़ग़ानिस्तान और ताजुबेकिस्तानवासियों को बनारस नगरी की अहमियत और हिन्दुस्तान की अज़मत से परिचित करानेवाली प्रथम और अप्रतिम रचना है।

निधन : 15 फरवरी, 1869; दिल्ली।

अब्दुल बिस्मिल्लाह

सुप्रसिद्ध साहित्यकार अब्दुल बिस्मिल्लाह का जन्म 5 जुलाई, 1949 को उत्तर प्रदेश, इलाहाबाद के बलापुर गाँव में हुआ। उन्होंने इलाहाबाद विश्वविद्यालय से एम.ए. तथा डी.फिल्. किया। 'झीनी झीनी बीनी चदरिया', 'मुखड़ा क्या देखे', 'अपवित्र आख्यान', 'कुठाँव' समेत कई उपन्यास और कई कहानी-संग्रह प्रकाशित। उनके कई उपन्यास और अनेक कहानियाँ विभिन्न भारतीय और विदेशी भाषाओं में अनूदित हुए हैं। उन्होंने कई ख्यातिलब्ध रचनाओं का हिन्दी लिप्यन्तरण और अनुवाद भी किया है।

उन्हें सोवियत लैंड नेहरू अवार्ड समेत अनेक पुरस्कारों से सम्मानित किया जा चुका है। वे जामिया मिल्लिया इस्लामिया, नई दिल्ली के हिन्दी विभाग में प्रोफ़ेसर एवं अध्यक्ष रहे। अब सेवानिवृत्त।

ई-मेल : abismillah786@gmail.com

अनुवादक : डॉ. सैयद ऐनुल हसन

डॉ. सैयद ऐनुल हसन का जन्म 15 फरवरी, 1957 को इलाहाबाद, उत्तर प्रदेश में हुआ। इलाहाबाद विश्वविद्यालय से स्नातक किया और जहवाहरलाल नेहरू यूनिवर्सिटी, नई दिल्ली से फ़ारसी में पी-एच.डी. की। उन्होंने फ़ारसी और उर्दू में लेखन किया। शायरी की किताब 'अजज़ा-ए-तरकीबी' प्रकाशित है। अमेरिका में 'फुलब्राइट विजिटिंग प्रोफ़ेसर' रहे।

सम्प्रति : फ़ारसी विभाग, जेएनयू, नई दिल्ली में प्रोफ़ेसर।

दस्तंबू

मिर्ज़ा ग़ालिब की डायरी, 1857

मूल फ़ारसी से अनुवाद

डॉ. सैयद ऐनुल हसन

सम्पादन

अब्दुल बिस्मिल्लाह

राजकमल पेपरबैक्स

पहला पुस्तकालय संस्करण
राजकमल प्रकाशन प्राइवेट लिमिटेड द्वारा
2012 में प्रकाशित

राजकमल पेपरबैक्स में
पहला संस्करण : 2023

राजकमल पेपरबैक्स : उत्कृष्ट साहित्य के जनसुलभ संस्करण

राजकमल प्रकाशन प्रा.लि.
1-बी, नेताजी सुभाष मार्ग, दरियागंज
नई दिल्ली-110 002
द्वारा प्रकाशित

शाखाएँ : अशोक राजपथ, साइंस कॉलेज के सामने, पटना-800 006
पहली मंजिल, दरबारी बिल्डिंग, महात्मा गांधी मार्ग, प्रयागराज-211 001

वेबसाइट : www.rajkamalprakashan.com
ई-मेल : info@rajkamalprakashan.com

बी.के. ऑफसेट
नवीन शाहदरा, दिल्ली-110 032
द्वारा मुद्रित

मूल्य : ₹ 199

DASTAMBU
Translated by Saiyad Ainul Hasan
Edited by Abdul Bismillah

ISBN : 978-81-19028-83-2

वो फ़िराक़ और हाँ विसाल कहाँ
वो शब-ओ-रोज़-ओ-माह-ओ-साल कहाँ

फ़ुर्सत-ए-कार-ओ-बार-ए-शौक़ किसे
ज़ौक़-ए-नज़्ज़ारः-ए-जमाल कहाँ

दिल तो दिल, वो दिमाग़ भी न रहा
शोर-ए-सौदा-ए-ख़त्त-ओ-ख़ाल कहाँ

थी वो इक शख़्स के तसव्वुर से
अब वह रा'नाइ-ए-ख़याल कहाँ

ऐसा आसाँ नहीं, लहू रोना
दिल में ताक़त, जिगर में हाल कहाँ

हमसे छूटा क़िमारख़ानः-ए-इश्क़
वाँ जो जावें, गिरह में माल कहाँ

फ़िक्र-ए-दुनिया में सर खपाता हूँ
मैं कहाँ और यह वबाल कहाँ

मुज़महिल हो गए, क़ुबा, ग़ालिब
वो अनासिर में ए'तिदाल कहाँ

–ग़ालिब

भूमिका

मिर्ज़ा असद-उल्लाह ख़ाँ ग़ालिब का नाम भारत के ही नहीं, विश्व के महान कवियों में शामिल है। अपनी गहरी जीवन-दृष्टि और बेजोड़ कलात्मकता के कारण ग़ालिब की शाइरी का स्थान बहुत ऊँचा है। ग़ालिब मूलतः फ़ारसी के शाइर थे, मगर वक़्त की नज़ाकत को देखते हुए आगे चलकर उन्होंने हिन्दवी ज़बान अपनाई जो अब उर्दू के नाम से जानी जाती है। ग़ालिब की कविता की भाँति ही हिन्दवी गद्य में लिखे गए उनके पत्र भी भारतीय साहित्य की अमूल्य निधि हैं।

हिन्दुस्तान के इतने बड़े और अपने ज़माने में ही प्रतिष्ठित हो गए शाइर मिर्ज़ा ग़ालिब ने 1857 के आन्दोलन के सम्बन्ध में अपनी जो रूदाद लिखी है, उससे उनकी राजनीतिक विचारधारा और भारत में अंग्रेज़ी राज के सम्बन्ध में उनके दृष्टिकोण को समझने में काफ़ी मदद मिल सकती है। अपनी यह रूदाद उन्होंने लगभग डायरी की शक्ल में प्रस्तुत की है। और फ़ारसी भाषा में लिखी गई इस छोटी-सी पुस्तिका का नाम है–दस्तंबू। फ़ारसी भाषा में 'दस्तंबू' शब्द का अर्थ है पुष्पगुच्छ, अर्थात् बुके (Bouquet)।

अंग्रेज़ों के दमन और उत्पीड़न से तंग आकर हिन्दुस्तान के अनेक क्रान्तिचेता नागरिकों ने सामूहिक विद्रोह की योजना बनाई और इसके लिए उन्होंने जो तिथि निश्चित की, वह थी 31 मई, 1857। क्रान्ति का सूत्रपात स्वतन्त्रता-प्रेमी सैनिक मंगल पांडे ने की और चर्बी

लगे कारतूसों के प्रयोग के विरुद्ध 29 मार्च, 1857 को उन्होंने विद्रोह का बिगुल बजा दिया। मंगल पांडे गिरफ़्तार हुए और 8 अप्रैल, 1857 को उन्हें फाँसी दे दी गई। नतीजा यह हुआ कि तमाम भारतीय सैनिक बौखला उठे और 10 मई, 1857 को ही उन्होंने आन्दोलन छेड़ दिया। आन्दोलन की यह आग पहले मेरठ में भड़की और फिर वे सैनिक दिल्ली आ पहुँचे। दिल्ली पहुँचते ही इन क्रान्तिकारियों ने कर्नल रिप्ले को मार डाला और एक तरह से दिल्ली पर अपना अधिकार कर लिया। इस आन्दोलन को दबाने के लिए अंग्रेज़ों ने अनेक साज़िशें रचीं और भयानक नरसंहार हुआ।

उन दिनों ग़ालिब पुरानी दिल्ली के बल्लीमारान मुहल्ले में रहते थे और इस नरसंहार को उन्होंने अपनी आँखों से देखा था। उनके तमाम दोस्त अहबाब या तो मारे जा चुके थे या दिल्ली छोड़कर भाग गए थे। ग़ालिब अकेले अपने मकान में त्रासद ज़िन्दगी जी रहे थे। 'दस्तंबू' में उन्होंने अपने उन्हीं कटु-तिक्त अनुभवों को बड़ी मार्मिकता के साथ प्रस्तुत किया है। अपनी इस छोटी-सी किताब 'दस्तंबू' में ग़ालिब ने 11 मई, 1857 से 31 जुलाई, 1857 तक की हलचलों का कवित्वमय वर्णन किया है। और इस वर्णन में उन्होंने अंग्रेज़ों की भूरि-भूरि प्रशंसा की है। यही नहीं, भारतीय क्रान्तिकारियों को खूब खरी-खोटी भी सुनाई है।

पुस्तक का आरम्भ हम्द (ईश-प्रार्थना) से हुआ है और फिर ग़ालिब ने अपनी रूदाद लिखी है :

> *'मैं इस किताब में जिन शब्दों के मोती बिखेर रहा हूँ, पाठकगण उनसे अनुमान लगा सकते हैं कि मैं बचपन से ही अंग्रेज़ों का नमक खाता चला आ रहा हूँ। दूसरे शब्दों में कहना चाहिए कि जिस दिन से मेरे दाँत निकले हैं तब से आज तक इन विश्वविजेताओं ने ही मेरे मुँह तक रोटी पहुँचाई है।'*

ज़ाहिर है कि ग़ालिब ने जिस अंग्रेज़ सरकार का नमक खाया था, वह उनकी नज़र में बेहद न्यायी और मासूम सरकार थी। हालाँकि ग़ालिब का रिश्ता तत्कालीन मुग़ल शासक बहादुरशाह ज़फ़र से भी था

और 'जफ़र' की शायरी के वे उस्ताद भी थे, पर ग़ालिब उनसे सन्तुष्ट नहीं दीखते। लिखते हैं :

'मैं हफ़्ते में दो बार बादशाह के महल में जाता था। और अगर उसकी इच्छा होती तो कुछ समय वहाँ बैठता था, अन्यथा बादशाह के व्यस्त होने के कारण थोड़ी देर में ही दीवाने-ख़ास से उठकर अपने घर की ओर चल देता था। इस बीच जाँची हुई रचनाओं को या तो स्वयं वहाँ पहुँचा देता था या बादशाह के दूतों को दे देता था, ताकि वे बादशाह तक पहुँचा दें। बस, मेरा इतना ही काम था और दरबार से मेरा इतना ही नाता था। यद्यपि यह छोटा-सा सम्मान, मानसिक तथा शारीरिक दृष्टि से आरामदायक और दरबारी झगड़ों से दूर था; परन्तु आर्थिक दृष्टि से सुखप्रद न था। उस पर भी ग्रहों का चक्कर मेरे इस छोटे-से सम्मान को मिट्टी में मिला देने पर तुला हुआ था।'

अंग्रेज़ों से ग़ालिब को आर्थिक संरक्षण भी मिला और सम्मान भी। लिहाज़ा वे उनके प्रशंसक हो गए। और भारतीय क्रान्तिकारियों के बारे में उन्होंने इस प्रकार की टिप्पणी की :

'वास्तव में सोमवार का वह दिन बड़ा ही भयानक था, जब 11 रमज़ान, 1273 हिजरी को, जो कि अंग्रेज़ी कैलेंडर के हिसाब से भी 11 मई, सन् 1857 का दिन था, सहसा दिल्ली के दरो-दीवार इस प्रकार हिलने लगे कि समूचे शहर में उनकी धमक सुनाई देने लगी। यह कोई भूचाल न था, बल्कि मेरठ के बाग़ी और नमकहराम सिपाही थे, जो उस दुर्भाग्यपूर्ण दिन को अंग्रेज़ों के ख़ून से अपनी प्यास बुझाने के लिए दिल्ली शहर में घुस आए थे।'

अपनी इस किताब में भारतीय क्रान्तिकारियों को ग़ालिब ने लगातार इन्हीं शब्दों में याद किया है। कहते हैं :

'पूरे मुल्क में नमकहराम ज़मींदारों और सिपाहियों ने गठबन्धन कर लिया है, ताकि पूरी ताक़त के साथ सरकार के विरुद्ध मोर्चा ले सकें।'

अंग्रेज़ों और भारतीयों की तुलना ग़ालिब ने इस प्रकार की है :

'एक वह आदमी जो नामवर और सुविख्यात था, उसकी सारी प्रतिष्ठा धूल में मिल गई है; दूसरा वह, जिसके पास न इज़्ज़त थी और न ही दौलत, उसने अपना पाँव चादर से बाहर फैला दिया है।'

वस्तुतः ग़ालिब के निजी संस्कार वही थे, जिन्होंने यह व्यवस्था दी थी कि राजा ईश्वर का प्रतिनिधि होता है और राजद्रोह का अर्थ है– देशद्रोह। दस्तंबू में ग़ालिब लिखते हैं :

'ख़ुदा जिसे शासन प्रदान करता है, निश्चय ही उसे धरती को जीतने की शक्ति भी प्रदान करता है। इसलिए जो व्यक्ति शासकों के विरुद्ध कार्य करता है, वह इसी लायक़ है कि उसके सिर पर जूते पड़ें। शासित का शासक से लड़ना अपने आपको मिटाना है।'

यद्यपि उस युग के अनेक साहित्यकारों में राजभक्ति देखी जाती है; भारतेन्दु हरिश्चन्द्र तक पर यह आरोप लगाया जाता है, लेकिन ग़ालिब का अन्दाज़ दूसरा है। भारतेन्दु ने अंग्रेज़ी राज की कड़ी आलोचना भी की, मगर ग़ालिब ने जिस तरह अंग्रेज़ शासकों के प्रति अपनी वफ़ादारी प्रदर्शित की है, वह अद्‌भुत है। 'दस्तंबू' इसका प्रमाण है।

लेकिन ग़ालिब का महत्त्व इससे कम नहीं हो जाता। अपनी शाइरी में वे एक बड़े इन्सान हैं। उनकी काव्य-कला का जोड़ मिलना मुश्किल है। इसी 'दस्तंबू' में ऐसे अनेक चित्र हैं जो अनायास ही पाठक के मर्म को छू लेते हैं। किताब के बीच-बीच में उन्होंने जो कविताई की है, उसके अतिरिक्त गद्य में भी कविता का पूरा स्वाद महसूस होता है। जगह-जगह बेबसी और अन्तर्द्वन्द्व की अनोखी अभिव्यक्तियाँ भरी हुई हैं। अंग्रेज़ों की हत्या से पीड़ित होकर ग़ालिब लिखते हैं :

'दुख होता है उन रूपवती, कोमल, चन्द्रमुखी और चाँदी जैसे बदन वाली अंग्रेज़ महिलाओं की मृत्यु पर। उदास हो जाता है मन उन अंग्रेज़ बालकों के असामयिक अन्त पर, जो अभी

संसार को भली भाँति देख भी नहीं पाए थे। स्वयं वे फूलों की भाँति थे और फूलों को देखकर हँस पड़ते थे।'

जंग के दौरान दिल्लीवासियों की दुर्दशा का जो चित्र ग़ालिब ने प्रस्तुत किया है, वह बड़ा ही हृदयविदारक है :

'15 सितम्बर से हर घर बन्द पड़ा हुआ है। न तो कोई सौदा बेचने वाला है और न ही कोई ख़रीदने वाला। गेहूँ बेचने वाले कहाँ, कि उनसे गेहूँ ख़रीदकर आटा पिसवा सकूँ। धोबी कहाँ, जो कपड़ों की बदबू दूर हो। नाई कहाँ, जो बाल काटे। भंगी कहाँ जो घर का कूड़ा साफ़ करे...।'

और इसी में कहीं छिपा हुआ है वह दर्द, जो ग़ालिब का बिलकुल अपना था–निजी। भाई की मृत्यु का दर्द, जिसे क़लमबन्द करते वक़्त ग़ालिब बहुत विचलित हो उठे हैं :

'सोमवार, 19 अक्टूबर का दिन कैलेंडर से मिटा देना चाहिए...अरे! मैं विनती करता हूँ, मुझसे मत पूछो, कि किस प्रकार मौत से नहाने वाले इस व्यक्ति के लिए पानी और रूमाल का इन्तज़ाम करूँ और उसके मुँह तथा शरीर को पोंछूँ। किस प्रकार उसकी क़ब्र बनाऊँ और उसे तोपने के लिए गारे-मिट्टी का प्रबन्ध करूँ? कृपया मुझे बताओ कि मैं लाश को कहाँ ले जाऊँ और किस क़ब्रिस्तान में दफ़्न करूँ?'

इस तरह 'दस्तंबू' में न केवल 1857 की हलचलों का वर्णन है, बल्कि ग़ालिब के निजी जीवन की वेदना भी भरी हुई है।

अपनी पुस्तक 'गुफ़्तारे ग़ालिब' में श्री मालिकराम ने लिखा है कि 'जब दिल्ली में हंगामा फ़र्द हुआ और हर तरफ़ अम्नो-अमान हो गया तो उन्हें इसे छपवाने का ख़याल आया। चुनांचे मुंशी हरगोपाल 'तफ़्त:', नबी बख़्श 'हक़ीर', मिर्ज़ा हातिम अली बेग 'मेहर' और मुंशी शिवनारायण 'आराम'–इन चारों की निगरानी में यह आख़िरुल ज़िक्र (यानी मुंशी शिवनारायण 'आराम') के मतबा (प्रेस) 'मुफ़ीदे-खलायक़' आगरा में छपकर नवम्बर, 1858 में शाया हुई।'

'दस्तंबू' के प्रकाशन को लेकर ग़ालिब किस क़दर उतावले थे, इसका पता उनके उन पत्रों से चलता है, जिन्हें उन्होंने मुंशी हरगोपाल 'तफ़्त:' के नाम लिखा था। इस बाबत शायद पहला ख़त उन्होंने 17 अगस्त, 1858 को लिखा था, जिसका एक अंश यहाँ उद्धृत किया जा रहा है :

> *'...अब एक अम्र सुनो—मैंने आग़ाज़े याज़दहुम मई (11 मई), सन् 1857 ई. से सी व एकुम (31) जुलाई, सन् 1858 ई. तक रूदादे-शहर और अपनी सरगुज़िश्त (आपबीती) याने पन्द्रह महीने का हाल नस्र (गद्य) में लिखा है और इल्तेज़ाम इसका किया है के: 'दसातीर' की इबारत याने .फ़ारसी क़दीम (प्राचीन) लिखी जाए, और कोई लफ़्ज़ अरबी न आए।'*

इस पत्र से पता चलता है कि दिल्ली में उन दिनों प्रेस नष्ट हो चुके थे। किताबों की बिक्री की दुर्दशा आज जैसी ही थी, जबकि क़ीमत काफ़ी कम होती थी। ग़ालिब लिखते हैं :

> *'...यहाँ मतबा (प्रेस) नहीं हैं। सुनता हूँ के: एक है, उसमें कापीनिगार (कातिब, लिखने वाला) ख़ुशनवीस (सुलेखक) नहीं है। अगर आगरे में इसका छापा हो सके तो मुझको इत्तिला करो। इस तिहीदस्ती (ग़रीबी) और बेनवाई (अभावग्रस्तता) में पच्चीस का मैं भी ख़रीदार हो सकता हूँ। लेकिन साहबे-मतबा (प्रेस-मालिक) इतने में क्यों मानेगा और अलबत्ता चाहिए के: अगर हज़ार न हों तो पान सौ (500) जिल्द तो छापी जाए। यक़ीन है के: पान सौ-सात सौ जिल्द छापने की सूरत में तीन-चार आने क़ीमत पड़े।'*

ग़ालिब को 'दस्तंबू' के प्रकाशन की बड़ी हड़बड़ी थी। अगले ही ख़त में इसका कारण भी उन्होंने लिखा है :

> *'एहतेमाम और उज़लत (जल्दी) इसके छपवाने में इस वास्ते है के: इसमें से एक जिल्द नवाब गवर्नर जनरल बहादुर की नज़्र भेजूँगा और एक जिल्द बज़रिए उनके जनाब मलिक:-*

ए-मुअज़्ज़मः-ए-इंग्लिस्तान (यानी रानी विक्टोरिया) की नज़्र करूँगा।'

अंग्रेज़ शासकों को प्रसन्न करने और उनसे कुछ आर्थिक सहयोग प्राप्त करने की ग़रज़ से ग़ालिब अक्सर ही यह सब किया करते थे। इस सिलसिले में उन्होंने आवेदन-पत्र भी दौड़ाए थे (जिनका ज़िक्र 'दस्तंबू' में भी है)। रानी विक्टोरिया की शान में एक क़सीदा भी लिखा था। लेकिन नौकरशाही ने उन्हें काफ़ी परेशान भी किया था। 'दस्तंबू' में इस तथ्य का उल्लेख भी ग़ालिब ने किया है।

लेकिन उन्हें मानो यह विश्वास था कि 'दस्तंबू' का बुके पाकर क्वीन विक्टोरिया की सरकार उनसे ज़रूर ख़ुश होगी, इसलिए इसकी छपाई आदि पर वे बहुत ध्यान दे रहे थे। 'दस्तंबू' की जो पांडुलिपि ग़ालिब ने आगरे भेजी थी, उसमें एक रुबाई छूट गई थी। उन्होंने इस रुबाई को एक ख़त में लिखकर 'तफ्तः' के पास फ़ौरन रवाना किया। लिखा :

'...हाँ साहब, एक रुबाई और सह्व (ग़लती) से रह गई है, उस रुबाई को छापा होने से पहले हाशिए पर लिख देना, जहाँ ये फ़िकरा है—नै नै अख़्तरे बख़्ते ख़ुसरो दर बलन्दी बजाए रसीद के: रुख़ अज़ ख़ाकियाँ निहुफ़्त—

जाए के: सितारा शूख़ चश्मी वरज़द।
अफ़सर अफ़सरो गवज़न अरज़न अरज़द।।
ख़ुरशीद ज़े अंदेशए-जा दर गर्दिश।
बर चर्ख़ न बीनी के: चेसाँ मी लरज़द।।

(अर्थात् जहाँ नक्षत्र की चंचलता उत्पन्न होती है वहाँ मुकुट बागडोर का स्थान ग्रहण कर लेता है और बारहसिंगा मामूली अन्नकण के समान हो जाता है। तुम देखते नहीं हो, सूर्य आकाश में अपने स्थान पर बने रहने के लिए भय से कैसा काँप रहा है!)

जैसा कि ग़ालिब के पहले ही ख़त से मालूम होता है कि ग़ालिब ने 'दस्तंबू' का वाक्य-विन्यास पुरानी फ़ारसी में रचा था और अरबी की गन्ध भी उसमें वे नहीं आने देना चाहते थे। इसलिए जब उन्हें पता

चला कि 'दस्तंबू' में आया हुआ एक लफ़्ज़ 'नहीब' अरबी है तो फ़ौरन उन्होंने 'तफ़्तः' को लिखा :

'नहीब लफ़्ज़ अरबी है, अगर रह जाएगा तो लोग मुझ पर एतराज़ करेंगे। तेज़ चाकू की नोक से 'नहीब' लफ़्ज़ छीला जाए और उसी जगह 'नबाय' लिख दिया जाए।'

लेकिन इतनी सतर्कता के बावजूद इसमें बाज़ अरबी लफ़्ज़ मसलन 'हवा', 'मातम' वग़ैरह आ गए हैं (गुफ़्तारे ग़ालिब, पृ. 197)।

ये तो कुछ नमूने भर हैं, जबकि 'दस्तंबू' के प्रकाशन को लेकर ग़ालिब ने अनेक लम्बे-लम्बे पत्र मुंशी हरगोपाल 'तफ़्तः' को लिखे हैं। अध्येयताओं की सुविधा के लिए सारे पत्र पुस्तक के अन्त में दिए गए हैं। इन पत्रों को पढ़ने में 'दस्तंबू' के प्रति ग़ालिब के लगाव और उनकी बेचैनी को समझा जा सकता है। इस लगाव और बेचैनी की वजह सिर्फ़ यही नहीं थी कि इसके माध्यम से वे अंग्रेज़ हाकिमों को प्रसन्न करना चाहते थे, बल्कि असल बात यह थी कि 'दस्तंबू' में उनका अपना दर्द-भरा रोज़नामचा दर्ज था।

पुस्तक के अन्त में मिर्ज़ा ग़ालिब द्वारा रचित वह क़सीदा (प्रशंसागान) भी दिया जा रहा है, जिसे उन्होंने क्वीन विक्टोरिया की शान में लिखा था।

भारत की पहली जनक्रान्ति, उससे उत्पन्न परिस्थितियाँ और ग़ालिब की मनोवेदना को समझने के लिए 'दस्तंबू' एक ज़रूरी किताब है। इसे पढ़ने का मतलब है सन् 1857 को अपनी आँखों से देखना और अपने लोकप्रिय शाइर की संवेदनाओं से साक्षात्कार करना। ग़ालिब की प्रतिष्ठा जितनी उर्दू में है, हिन्दी में उससे तनिक भी कम नहीं है। इसलिए यह पुस्तक हिन्दी पाठकों के लिए भी उतनी ही उपयोगी है, जितनी कि उर्दू पाठकों के लिए।

—अब्दुल बिस्मिल्लाह

अनुक्रम

दस्तंबू

शुरू करता हूँ इस किताब को उस ख़ुदा के नाम से, जिसने हमें बल दिया, जिसने चाँद और सूरज को रात और दिन के लिए रौशन किया।

वह सर्वशक्तिमान है ऐसा, जिसने नौ आसमानों को जन्म दिया और सात महान ग्रहों को चमक प्रदान की। वह ज्ञान का मालिक है, कि जिसने मनुष्य की देह को आत्मा से परिपूर्ण किया। उसी ने गनुष्य को बुद्धि प्रदान की और न्याय करने की क्षमता दी। बिना किसी उपादान के उसने धरती की सात परतें बनाईं और नौ आसमानों की रचना की। सितारों के चक्कर और उनके प्रभाव के कारण ही जटिल से जटिल समस्याएँ आसान होती हैं और मामूली अथवा ग़ैरमामूली बाधाएँ रास्ते से हट जाती हैं।

उसने सितारों को आकाश पर सजाया, जो अनेकानेक गुणों तथा प्रभावों से युक्त हैं। यद्यपि ख़ुदा ने उन्हें एकत्र होने तथा एक-दूसरे से अलग हो जाने की शक्ति प्रदान की है, फिर भी वे अपने मालिक की आज्ञा के बिना कोई काम नहीं कर सकते।

तुम आकाश और सितारों के भेद को
किस प्रकार जान सकते हो, जबकि तुम्हें
सफ़ेद और काले, सामने और पीछे
का अन्तर नहीं मालूम?
तुम सितारों के आगे नतमस्तक न होना, क्योंकि

वे अन्तिम शक्ति नहीं हैं, जो संसार की
समस्याओं का समाधान कर सकें,
ख़ुदा सबसे बड़ा है, उसके प्रकाश ने
अदृश्य को भी स्वयं समाहित कर लिया है।

'शुक्र' और 'गुरु' अपने शुभ गुणों के कारण हमें भाग्यशाली जीवन देते हैं। साथ ही 'शनि' और 'मंगल' अशुभ होने की वजह से हमारी हानियों के ज़िम्मेदार हैं। सच्चाई की परख रखने वाले जानते हैं कि हर्ष और विषाद कहाँ निहित हैं। सितारे उस न्यायमूर्ति के मात्र चाकर हैं। उसके दरबार के सिपाही उसकी न्याय-परिधि से अपने क़दम निकाल नहीं सकते। यहाँ तक कि उनके पास एक-दूसरे से अलग हो जाने की शक्ति भी नहीं है। यदि एक अशुभ सितारा दुखों को उकसाता है या एक शुभ सितारा सद्गुणों से संसार को सुखद जीवन प्रदान करता है तो इसका तात्पर्य केवल मानव जीवन की परख है, न कि उनके आपसी टकराव।

एक संगीतकार जब अपनी कमान को
वाइलन के तारों पर घिसता है तो
उसी वाइलन से संगीत ढलकर निकलता है।
इसी तरह आह्लाद दुख की लहरों में निहित है।
धोबी क्रोध में आकर कपड़े को कभी पत्थर पर नहीं पटकता।

मृत्यु का पहिया जीवन की ओर दौड़ता है। दुख और सुख, उत्थान और पतन ईश्वर की देन हैं। और यही मनुष्य के सुखमय जीवन के स्रोत हैं।

यदि एक अमीर व्यक्ति एक ग़रीब व्यक्ति को कुछ रुपए-पैसे, रेशमी वस्त्र या कम्बल देता है तो वास्तव में वह उस ग़रीब व्यक्ति की रक्षा करता है और दान-दक्षिणा करना उसका कर्त्तव्य है। अगर हम ख़ुदा की दी हुई सौग़ात को अच्छों और बुरों में बराबर-बराबर बाँटने लगें तो यह बुद्धिमत्ता के प्रतिकूल माना जाएगा। हम इस असमानता को परमेश्वर की करनी मानकर उसे अन्याय नहीं कह सकते।

दस्तंबू

यह उस परमात्मा की देन है कि विशद रहस्यों का यह संसार, जो मौत की लहरों में बह रहा है, अब भी जीवन के उत्साह से परिपूर्ण है।

मैं जानता हूँ कि मेरे विचार, जिन्हें मैं प्रस्तुत कर रहा हूँ, साधारण बुद्धियों में समा नहीं सकते, इसलिए आसान शब्दों में बात को कहना ही उचित होगा। आसमान का चक्कर चक्की की भाँति है। तुम जानते हो कि चक्की बिना किसी व्यक्ति के चलाए नहीं चल सकती। तुम यह क्यों नहीं समझते और मान लेते कि वहाँ भी कोई एक शक्ति है जिसने आसमान की चक्कियों को अपनी रस्सी से बाँधकर शुभ तथा अशुभ ग्रहों से जोड़ दिया है? यही वह कपड़ा बुनने वाली मशीन भी है जिसने मनुष्यों की आँखों पर परदे डाल दिए हैं। पर जो लोग इस भेद को जानते हैं, उन्हें इन परदों के पीछे ईश्वर के हाथ दिखाई पड़ जाते हैं। इस भेद को समझने वाले ही उस परमात्मा की सच्चाइयों को भी जान सकते हैं।

हम किस प्रकार मान लें कि ग्रहों का
प्रभाव क्रूरता से भरा हुआ है, जबकि
ख़ुदा के हाथ ही आसमान को गति प्रदान करते हैं।

प्रशंसा उस मालिक की, जिसने मनुष्य की रचना की और अमानुष को पराजित किया। प्रशंसा उस मालिक की, जिसने राक्षसी विचारों को वशीभूत किया और न्याय की ज्योति प्रदान की। वह अपनी बुद्धिमत्ता से शक्तिशाली प्रभावों को क्षीण करता है और दुर्बल व्यक्तियों की शक्ति में वृद्धि करता है। यह उसी शक्तिमान का करिश्मा है कि हाथियों पर सवार सिपाही अबाबीलों के कंकड़ी बरसाने से मारे जाते हैं।[1] और नमरूद[2] जैसे अहंकारी लोग एक मच्छर के डंक से हताश हो जाते हैं। इस वास्तविकता के पीछे और कुछ नहीं, सिवाय उस मालिक की असीमित शक्ति के। ये दोनों विनाशकारी घटनाएँ एक-दूसरे से अलग हैं और दोनों घटनाएँ अलग-अलग समय में घटित हैं। बताओ, इन घटनाओं के पीछे किन विनाशकारी ग्रहों का हाथ है?

दस्तंबू

ज़हाक ने जमशेद जैसे वैभवशाली राजा
से तख़्त छीन लिया। युवा सिकन्दर ने
शक्तिशाली दारा का वध कर दिया।
एक मामूली राक्षस से उस महान राजा
(सुलेमान) के हाथों से अँगूठी चुरा ली,
जो कि दैत्यात्माओं और परियों पर
शासन करता था। शायद तुम इस सज़ा
और जज़ा (प्रत्युपकार) के विषय में नहीं जानते,
कि सितारों की गति और आकाश के
प्रभाव से ही जिसका सीधा सम्बन्ध है।

वास्तविकता यही है कि ईश्वर ने जिस व्यक्ति को 'कुछ नहीं' से 'कुछ' में परिवर्तित कर दिया, वही क़यामत के दिन सारी दुनिया को एक जगह लाकर खड़ा कर देगा।

आज संसार की हर चीज़ में परिवर्तन आ गया है और मनुष्यता के स्वभाव-रूपी तार संगीत की लहर से उतर गए हैं। सिपाही अपने सेनापति के विरुद्ध जमा हो गए हैं। साधारण शब्दों में कहा जा सकता है कि अब वह (पुराना) समय नहीं रहा। सितारों की गति को भली भाँति समझने वाले ज्योतिषी इस तथ्य को स्वीकार करते हैं कि जिस ज़माने में शहरयार का सुसज्जित दरबार अरबों ने तहस-नहस कर दिया था, उस समय 'शनि' और 'मंगल' आपस में मिलकर 'कर्क' का रूप धारण कर चुके थे। आज भी काल स्वयं को दोहरा रहा है और 'शनि' तथा 'मंगल' ग्रह 'कर्क' राशि के रूप में परिवर्तित हो चुके हैं। यह लड़ाई-झगड़ा, युद्ध-संग्राम, नीचता, रक्तपात एवं परस्पर टूटते हुए सम्बन्ध इन्हीं सितारों के अशुभ मेल के कारण हैं। बुद्धिमान जानते हैं कि कभी एक मुल्क की सेना ने दूसरे मुल्क की सेना पर चढ़ाई की थी, परन्तु आज सिपाही स्वयं अपने ही सेनापतियों के विरुद्ध मोर्चा जमाए खड़े हैं। ईरान पर जो चढ़ाई की गई, वह पूर्ण रूप से धार्मिक थी, जिसमें ईरानी सभ्यता तथा धर्म के

बन्धन से मुक्ति मिली और सारा ईरान प्रदेश रेगिस्तान में बदल गया। ज़रदुश्तियों ने अग्नि-पूजा और ग़ुलामी से मुक्ति पाई और ख़ुदा से नाता जोड़ा। परन्तु भारत में जो नए क़ानून पारित किए गए हैं, वे भारतवासियों को मुक्ति प्रदान करने की बजाय उन्हें सत्ताधारियों के द्वारा बुने हुए जाल में घसीट रहे हैं। यही कारण है कि न्यायाधिकारियों पर जनता ने विश्वास खो दिया। क्या तुम्हें जाल और दामन के बीच की दूरी दिखाई नहीं देती? अंग्रेज़ों के बनाए हुए क़ानूनों पर ग़ौर करना और दूसरे किसी क़ानून की तरफ़ मुड़कर न देखना ही न्याय है। अरबों के हाथों ईरानियों ने किस प्रकार कोड़े खाए, पर उन्हें उसी प्रकार 'इस्लाम'-रूपी दवा भी मिली। लड़ाई के पश्चात् वह समय भी आया जब ईरानियों के ज़ख़्म धुल गए। इस समय भारतवासी जिन कठिनाइयों का सामना कर रहे हैं, यदि किसी न्यायसंगत विचार की दृष्टि से आगे चलकर यह लाभप्रद होंगे, तो उन्हें चाहिए कि वे मुझे भी इस विषय में कुछ बताएँ, ताकि मेरे भयभीत हृदय को शान्ति मिले। यह कितने शर्म की बात है कि अमन के रक्षक अधिकारी अपने स्वामियों के विरुद्ध षड्यन्त्र कर रहे हैं और सिपाही अपने ही सेनापति का वध कर रहे हैं! यही तो गहराइयों में छुपे हुए भेदों को जानने वाले, लाभालाभ के अन्तर को जानने वाले ईश्वर के क्रोध की अग्नि है। ईरान की धरती पर घटित वह लड़ाई इतनी निराशाजनक तथा कामनारहित न थी, जैसा कि आज हम भारत की धरती पर देख रहे हैं।

मेरे अशान्त मन के तारों पर
मिज़राब अटपटे ढंग से पड़ रही है
क्योंकि मैं अपने हृदय में
उद्वेलित दुखों को व्यक्त कर रहा हूँ।

मैं इतना अज्ञानी नहीं हूँ कि सितारों की चमक को पहचानते हुए और आकाश के फैलाव को देखते हुए उन्हें प्रकाशरहित तथा अप्रभावी मान लूँ। न ही मैं इतना अनपढ़ हूँ जो एक हज़ार साल

पहले के सितारों के अशुभ मिलन को न समझ पाऊँ, जिनका प्रकोप आज की धरती पर विद्यमान है। मैं अपनी पीड़ा से भली भाँति परिचित हूँ और यह भी मानता हूँ कि जिन लोगों ने न कभी 'कर्क' को देखा है और न ही 'शनि' तथा 'मंगल' के नाम सुने हैं, वे उनके बारे में अपने विचार व्यक्त नहीं कर सकते। ऐसे व्यक्तियों के लिए वर्तमान स्थिति का जायज़ा लेना आवश्यक है, ताकि वे गुज़रे हुए तथा आने वाले कल के भेदों को समझ सकें। उन्हें यह भी जानना चाहिए कि भले लोगों के किए पर पानी फेरना समय का दस्तूर रहा है। समय ने ही फिरंगियों को बाहरी ताक़तों के हमले से बचाए रखा है। इसके विपरीत ख़ुद हमारे देशवासियों ने फिरंगियों पर हमले किए हैं और उनकी सेना को मारा है। मैं इस किताब में जिन शब्दों के मोती बिखेर रहा हूँ, पाठकगण उनसे अनुमान लगा सकते हैं कि मैं बचपन से ही अंग्रेज़ों का नमक खाता चला आ रहा हूँ, दूसरे शब्दों में कहना चाहिए कि जिस दिन से मेरे दाँत निकले हैं, तब से आज तक इन विश्व-विजेताओं ने ही मेरे मुँह तक रोटी पहुँचाई है। सात-आठ साल पहले की बात है कि दिल्ली के मुग़ल सम्राट ने मुझे अपने महल में बुलवाया और मुझसे तैमूर वंश का इतिहास लिखने को कहा। उसके मुआवज़े में मुझे छः सौ रुपए वार्षिक वेतन देने का प्रस्ताव रखा गया जिसे मैंने प्रसन्नतापूर्वक स्वीकार कर लिया और काम शुरू कर दिया। कुछ दिनों के बाद मुग़ल बादशाह के उस्ताद शाइर की मृत्यु हो गई और बादशाह (बहादुरशाह ज़फ़र) ने अपनी कविताओं को ठीक करने का काम भी मुझे सौंप दिया। मैं बूढ़ा और कमज़ोर हो चला था और अधिकतर एकान्त में रहने का आदी बन गया था। इस बीच मुझे कम सुनाई पड़ने लगा था और दूसरों के होंठों को भावहीन दृष्टि से देखना मुझे खलने लगा था।

मैं हफ़्ते में दो बार बादशाह के महल में जाता था और अगर उसकी इच्छा होती तो कुछ समय वहाँ बैठता था, अन्यथा बादशाह के व्यस्त होने के कारण थोड़ी देर में ही दीवाने-ख़ास से उठकर अपने

घर की ओर चल देता था। इस बीच जाँची हुई रचनाओं को या तो स्वयं वहाँ पहुँचा देता था या बादशाह के दूतों को दे देता था ताकि वे बादशाह तक पहुँचा दें।

बस, मेरा इतना ही काम था और दरबार से मेरा इतना ही नाता था। यद्यपि यह छोटा-सा सम्मान मानसिक तथा शारीरिक दृष्टि से आरामदायक और दरबारी झगड़ों से दूर था, परन्तु आर्थिक दृष्टि से सुखप्रद न था। उस पर भी ग्रहों का चक्कर मेरे इस छोटे से सम्मान को मिट्टी में मिला देने पर तुला हुआ था।

चाहे वह मित्र हो या शत्रु
कोई भी आकाश की क्रूरतापूर्ण
चलती हुई तलवार से
बच नहीं सकता।

इस वर्ष को 'असामयिक प्रलय' का नाम दिया गया है। वास्तव में सोमवार का वह दिन बड़ा ही भयानक था, जब 11 रमज़ान, 1273 हिजरी को, जो कि अंग्रेज़ी कैलेंडर के हिसाब से भी 11 मई, सन् 1857 का दिन था, सहसा दिल्ली के दरो-दीवार इस प्रकार हिलने लगे कि समूचे शहर में उनकी धमक सुनाई देने लगी। यह कोई भूचाल न था, बल्कि मेरठ के बाग़ी और नमकहराम सिपाही थे, जो उस दुर्भाग्यपूर्ण दिन को अंग्रेज़ों के ख़ून से अपनी प्यास बुझाने के लिए दिल्ली शहर में घुस आए थे। यह आश्चर्य की बात न होगी, अगर कहा जाए, कि दिल्ली दरवाज़ों के सन्तरी, जो कि पेशे से उन ख़ूनी लुटेरों के साथी थे, वे भी इस षड्यन्त्र में बराबर के भागीदार थे।

शहर की रखवाली की ज़िम्मेदारी को भूलकर, खाए हुए नमक को नकारकर, सन्तरियों ने द्वारा खोल दिए और बाग़ियों को प्रत्यक्ष या अप्रत्यक्ष ढंग से आमन्त्रित किया। फुर्तीले घुड़सवारों और पैदल शस्त्रधारियों की बाग़ी सेना ने ज्योंही दरबानों को मित्र और दरवाज़ों को खुला पाया, समूचे शहर को उन्होंने पागलों की भाँति अपने पैरों

से रौंद डाला। उन्होंने उस समय तक अंग्रेज़ों तथा उनके अफ़सरों का पीछा नहीं छोड़ा जब तक कि उन्हें मौत के घाट उतार नहीं दिया और उनके डेरों को उजाड़ नहीं दिया गया। कुछ दीन-हीन व्यक्ति, जो अंग्रेज़ों के नमक-रोटी पर पल रहे थे, शहर के कोने-कतरे में बिखर कर रह गए। वे गली-कूचों में एक-दूसरे से बिछुड़कर भटकते फिर रहे थे।

सज्जन तथा शान्त स्वभाव के व्यक्ति, जो न तीर चलाना जानते थे, न तलवार, उन्हें रात के सन्नाटे में लुटेरों की गरजदार आवाज़ें भयभीत कर रही थीं। वे ऐसे व्यक्ति न थे जो लड़ाई लड़ सकते हों। उनके लिए और कोई चारा नहीं रह गया था, सिवाय इसके कि वे बन्द घरों में निःसहाय तथा भयभीत बैठे रहें। पानी के तेज़ बहाव को घास से रोका नहीं जा सकता। अपने आपको मजबूर देखकर सभी अपनी जगह दुखी थे। मैं भी उनमें से एक हूँ, जो कि अपने बन्द निवास-स्थान पर इस बरबादी का मातम कर रहा हूँ। मैंने चीख़ों और शोर-शराबे के बीच यह सुना कि लालक़िले का सरदार और ब्रिटेन का एजेन्ट मौत के घाट उतार दिए गए। चारों ओर घोड़ों की टापों तथा सिपाहियों के पैरों की धमक सुनाई दे रही थी। ज़मीन पर एक मुट्ठी धूल भी न बच पाई थी, जो फूल जैसे बदन रखने वालों के ख़ून से सन न गई हो। और कोई बग़ीचा बाक़ी न था, जो क़ब्रिस्तान में बदल न गया हो। अफ़सोस होता है उन न्यायकारी, बुद्धिमान, सज्जन और विख्यात अंग्रेज़ अफ़सरों की हत्या पर! दुख होता है उन रूपवती, कोमल, चन्द्रमुखी और चाँदी जैसे बदन वाली अंग्रेज़ महिलाओं की मृत्यु पर! उदास हो जाता है मन उन अंग्रेज़ बालकों के असामयिक अन्त पर जो अभी संसार को भली भाँति देख भी नहीं पाए थे। स्वयं वे फूलों की भाँति थे और फूलों को देखकर हँस पड़ते थे। उनकी चाल को देखकर हिरन चलना सीखते थे...कि जिन्हें सहसा रक्त के भँवर में डाल दिया गया। अंगारे उगलने वाली मौत भी इन महान व्यक्तियों के शोक में काले कपड़े पहने तो ग़लत न

होगा। अगर आसमान टूटकर धरती पर गिर पड़े और धरती पर बवंडर फैल जाए तो भी इनकी मृत्यु का हिसाब चुकता न होगा।

ऐ बहार! क़त्ल होने वालों के बदन की भाँति ही तू भी
ख़ून में लतपत हो जा।
समय! तू चन्द्रमाविहीन रात की तरह काला हो जा।
सूर्य! तू अपने गालों पर
तब तक थप्पड़ मारता रह, जब तक
कि वे नीले न पड़ जाएँ।
चाँद! तू वक़्त के दिल में दाग़ बनकर बैठ जा।

जब उस मनहूस दिन की शाम आई और धरती काली हो गई तो उन क्रूर और मैले दिल वाले हत्यारों ने समूचे शहर में अपने कैम्प डालने शुरू कर दिए। लालक़िले में उन्होंने अपने घोड़े बाँध दिए और शाही महल को अपने सोने का ठिकाना बना लिया। धीरे-धीरे दूर-दराज़ के शहरों से यह ख़बर आने लगी कि बाग़ी सिपाहियों ने अपने अफ़सरों की हत्या कर दी है और खुलेआम अपने अफ़सरों की हत्या करने के लिए बैरक से निकल पड़े हैं।

पूरे मुल्क में नमकहराम ज़मींदारों और सिपाहियों ने आपस में गठबन्धन कर लिया है, ताकि पूरी ताक़त के साथ सरकार के विरुद्ध मोर्चा ले सकें। केवल ख़ून की नदी ही उन्हें सन्तुष्ट कर सकती है। दूर और पास के सभी लोगों ने हिंसा पर कमर कस ली है। इस असीमित सेना और अनगिनत लड़ाकुओं ने ख़ुद को झाड़ू के बन्धन की भाँति इस तरह बन्दी बना लिया है कि हिन्दुस्तान में अब घास के एक तिनके-भर शान्ति की पुनर्स्थापना की कल्पना असम्भव है। कुछ सिपाही, जो अपना कोई कमांडर भी नहीं रखते, उन्होंने अंग्रेज़ों की बन्दूक़ें, बारूद और गोलों को अपने क़ब्ज़े में करके अपने आपको लड़ाई के लिए सशक्त बना लिया है।

जो कला उन्होंने अंग्रेज़ों से सीखी थी, उसका वे अब उन्हीं पर प्रयोग कर रहे हैं। हृदय कोई पत्थर या लोहा नहीं है, वह

अवश्य ही तड़पेगा। आँख कोई दीवार की दरार नहीं है कि वह दृश्य देखकर न रोएगी। अवश्य ही उसे अंग्रेज़ अफ़सरों की हत्या पर आँसू बहाना चाहिए। अवश्य ही उसे हिन्दुस्तान की बरबादी पर रोना चाहिए।

बिना राजा के शहर, बिना मालिक के नौकर, बिना माली के बाग़...जैसे पेड़ों के झुरमुट तो हों बाग़ में, पर उनमें फूल न हों। लुटेरे हर तरह से आज़ाद हैं। व्यापारियों ने टैक्स देना बन्द कर दिया है। बस्तियाँ वीराने में बदल चुकी हैं और घरों में बेनाम शरणार्थी घुसकर उन्हें लूटपाट की जगह समझ बैठे हैं। वे अपनी लीला में मस्त हैं। बाग़ी नंगी तलवार लिये एक गिरोह से दूसरे गिरोह में आ-जा रहे हैं। अगर शान्त और शरीफ़ लोग बाज़ार में ख़रीदारी करने के लिए आते हैं तो उन्हें ये बाग़ी आँख दिखाते हैं। उन्हें मजबूर किया जाता है कि वे अपनी हार मान लें और अपनी प्रतिष्ठा को नीलाम कर दें। सारा दिन ये डाकू चाँदी-सोना लूटते हैं और शाम को रेशमी बिस्तर पर विराजमान होते हैं।

शरीफ़ लोगों के घरों में मिट्टी का तेल भी नहीं है कि वे अपने घरों में रौशनी कर सकें। अँधेरी रात में जब उन्हें प्यास सताती है तो वे आसमान की बिजली के सहारे अपनी सुराही और गिलास तक पहुँच पाते हैं। काल की इस वक्रता को क्या कहूँ? वे लोग, जो ज़मीन से मिट्टी खोदकर और उसे बेचकर अपना पेट पालते थे, आज उन्होंने उस मिट्टी में सोना पा लिया है और जो शराब की महफ़िल में फूल की पँखुड़ियों से चिराग़ जलाते थे, आज वे अँधेरे कमरों में अपनी हताशा का मातम कर रहे हैं। पुलिस अफ़सरों की बेटियों को छोड़कर दिल्ली की सारी युवा स्त्रियों के आभूषण पत्थर-दिल, हीन-स्वभाव और कायर डकैतों ने छीन लिये हैं। और जो सुन्दरियाँ बिना आभूषण के भी कला की मूर्ति दिखाई पड़ती थीं, आज उन्हें इन भिखमंगों की औलादों ने, जो लूटपाट के कारण ही फल-फूल रहे थे, अपने घर की शोभा बना लिया है।

वे प्रतिष्ठित जन, जो इन युवतियों को श्रद्धा और स्नेह की सेज पर बिठाते थे, उनका स्थान अब इन तुच्छ व्यक्तियों ने ग्रहण कर लिया है। ये नए-नवेले तुच्छ अमीर इस प्रकार अपना अभिमान प्रदर्शित करते हैं कि जैसे अथाह पानी पर घास तैर रही हो!

एक वह आदमी जो नामवर और सुविख्यात था, उसकी सारी प्रतिष्ठा धूल में मिल गई है। दूसरा वह, जिसके पास न इज़्ज़त थी और न ही दौलत, उसने अपना पाँव चादर से बाहर फैला दिया है और उसने समुद्र की रेत की भाँति जवाहरात इकट्ठा कर लिये हैं। वह बाप जिसने जीवन भर गलियों की धूल साफ़ की, अब अपने आपको अधिकारी समझने लगा है। वह माँ, जो पड़ोसियों के घर से आग माँगकर लाती थी, अपने को 'अग्निदेवी' मान बैठी है। ये सारे लोग आग और हवा पर हुकूमत करने की लालसा रखते हैं, पर हम थके-हारे लोग कोई इच्छा नहीं रखते; सिवाय इसके कि हमारे साथ थोड़ा-सा इन्साफ़ हो और हमें थोड़ी-सी राहत मिल सके।

मेरे दिल का दर्द तेरे लिए एक कहानी मात्र है
पर मेरा दुख इतना असीमित है कि अगर
सितारों को इसकी आवाज़ सुनाई दे जाय
तो वे भी ख़ून के आँसू रोने लगेंगे।

डाक का काम ठप हो गया है, क्योंकि रास्तों का सिलसिला कट गया है। डाकियों के लिए आना-जाना मुश्किल हो गया है। अब तो न पत्र भेजे जा सकते हैं और न ही पाए जा सकते हैं। बहरहाल टेलीग्राम से, जो वायर के बजाय वाइब्रेशन से चलता है, सन्देश भेजे और पाए जा सकते हैं।

कठोर व्यवस्था एवं क़ानून में विश्वास रखनेवालो! तुम्हीं बताओ, यह अराजकता और अशासनिक व्यवस्था मातम करने योग्य नहीं है क्या? ख़ुदा की दी हुई दौलत पर लूटमार, डाक-व्यवस्था की ख़राबी और दोस्तों तथा रिश्तेदारों की ख़बर का न मिलना, क्या इन सब पर रोना उचित नहीं?

इस हिंसक राज्य में बहादुर लोग अपनी परछाईं से भी डरने लगे हैं। सिपाही आज बादशाह और भिखारी दोनों पर एक तरह से हुकूमत कर रहे हैं। उनमें कोई अन्तर नहीं रह गया है। क्या इन पर आँसू न बहाया जाए? इस बेइज़्ज़ती के खिलाफ़ कुछ कहने पर सर कुचल देना, दुख और पीड़ा पर आँसू बहाने पर छींटाकशी करना और हँसना क्या उचित होगा? लोगों के असीमित दुखों के निवारण की बजाय उनसे मुँह फेर लेना और उन्हें घृणा से देखना वास्तव में ध्वस्त शासन की पहचान है।

कविता के मोतियों को बिखेरने के लिए
कौन सा हृदय लाऊँ? कि मेरे हृदय में
आहों की गर्मी से हज़ारों छाले पड़ गए हैं।
मेरे हाथ और पैर इस क़दर
जवाब दे चुके हैं कि अब मुझमें न ही
पुरस्कृत होने की लालसा रह गई है
और न ही अपमानित होने का भय रह गया है।

इन दुखों का मारा हुआ ग़ालिब अपने अतीत की भाग्य-गाथा का विवरण अब इस प्रकार दे रहा है, कि पहले दिन जब ये बेहूदा लोग और लुटेरे दिल्ली में घुस आए थे तो अपने साथ बड़ा ख़ज़ाना लाए थे, जिसे उन्होंने शाही ख़ज़ाने में जमा कर दिया था और बादशाह के समक्ष नतमस्तक हुए थे। बाग़ी फ़ौजें हर ओर से आ-आकर दिल्ली में एकत्र हो गई थीं। जब बादशाह से इसका प्रबन्ध न हो सका तो इन सिपाहियों ने सारा प्रबन्ध अपने हाथों में ले लिया। फलतः बादशाह मजबूर हो गया।

सिपाहियों ने राजा को इस तरह
अपने घेरे में लेकर ढँक लिया
मानो चाँद को ग्रहण लग गया हो!
चौदहवीं के चाँद के सिवाय
किसी और दिन के चाँद को ग्रहण नहीं लगता।

राजा एक ढलते हुए चाँद की भाँति था,
जिसका प्रकाश समाप्त हो चुका था।

एक बात, जो कहने योग्य है और मैंने अभी तक नहीं कही, वह यह कि ये साहसिक बाग़ी जिस-जिस मार्ग से गुज़रे हैं, इन्होंने वहाँ के बन्दियों को जेलों से आज़ाद करा दिया है। पुराने कै़दियों ने इस नई-नई आज़ादी के फलस्वरूप शाही दरबार में प्रवेश करके गवर्नरी का सपना देखना शुरू कर दिया। ये विश्वासघाती ग़ुलाम, जिन्होंने अपने मालिक से ग़द्दारी की है, शाही दरवाज़े पर आकर नतमस्तक हो रहे हैं और उपजाऊ ज़मीनों की माँग कर रहे हैं। कोई नहीं कहता और मैं स्वयं नहीं जानता, कि हर आने-जाने वाले को बादशाह के सम्मुख जाने का अवसर क्यों दिया गया? हर किसी को शाही अधिकारियों द्वारा आसानी के साथ आश्रय क्यों दिया गया? इसे केवल समय का आश्चर्य ही माना जा सकता है।

इस समय दिल्ली के बाहर और भीतर लगभग पाँच हज़ार पैदल तथा घुड़सवार सेनाएँ अपना कैम्प लगाए हुए हैं। संस्कृति पर हुकूमत करने वाले अंग्रेज़ों के क़ब्ज़ों में सिवाय शहर के पश्चिमी पठार के और कोई स्थान नहीं बचा है। अंग्रेज़ों ने इस तंग इलाक़े में भी अपनी कला का परिचय दिया है और बड़ी-बड़ी ख़तरनाक तोपों से सारी जगह को घेर लिया है। एक प्रकार से क़िला-सा बना रखा है। उन्होंने चारों तरफ़ से बिजली जैसी चमक वाली तोपें और मशीनगनें लगा रखी हैं। और इस विश्राम-रहित अवस्था में उन्होंने एक स्थान पर अमन का वातावरण बनाए रखा है।

सिपाहियों ने तोपख़ाने से बन्दूक़ें निकाल ली हैं और शहर के ऊँचे स्थानों पर आकर मुहाना साध लिया है। वास्तव में बाग़ी सिपाहियों और अंग्रेज़ों के बीच सीधा मुक़ाबला हो रहा है। तोपों और बन्दूक़ों का धुआँ देखकर ऐसा प्रतीत होता है मानो काले बादल आसमान में लटक रहे हों और पत्थरों की वर्षा हो रही हो! सारे दिन तोपों की आवाज़ें सुनाई दे रही हैं।

दस्तंबू

यह मई–जून का महीना है। गर्मी इतनी है कि सहन नहीं होती। सूर्य 'मिथुन' के गृह में प्रवेश कर गया है और गर्मी तेज़ी से बढ़ रही है। ऐसा लगता है कि सूर्य की गर्मी स्वयं उसे निगल लेगी। ठंडे तथा सायेदार स्थान पर रहने वाले व्यक्ति धूप में भस्म हो रहे हैं और अपनी रातें दिन भर के तपे हुए पत्थरों पर बिता रहे हैं। अगर अस्पन्दयर[3] भी इस लड़ाई में होता तो अपनी बहादुरी के बावजूद साहस खो बैठता। रुस्तम[4] ने अगर इस दास्तान को सुना होता तो उसका कलेजा फट जाता।

वे सिपाही जो भारत के कोने–कोने से दिल्ली में एकत्रित हो गए हैं, अपने–अपने कैम्पों से निकल पड़े हैं। जिस समय सूरज सर पर होता है, बहादुरों से लड़ने के लिए वे निकल पड़ते हैं। सूर्यास्त से पहले वे फिर से अपने–अपने कैम्पों में चले जाते हैं। शहर के बाहर का तो यह हाल है; अब मैं एक घटना का विवरण पेश करता हूँ, जो शहर के भीतर घटित हुई है और सुनने योग्य है :

मेरे मन के तारों में एक ऐसी लहर है
जिससे चिनगारियाँ निकलती हैं।
और मैं इस आग उगलती लहर से डरता हूँ
कि कहीं यह ख़ुद संगीतकार को ही न जला दे
मेरी ज़बान पर आपबीती दास्तान है
और यही ज़बान मुझ पर ख़ंजर ताने खड़ी है।

एक ऐसा व्यक्ति, जो दास होते हुए भी मन ही मन सत्ताधारी बनने का स्वप्न देख रहा था, अपने मालिक का शत्रु बन बैठा। उसे यह आभास हो गया था कि यदि उसका मालिक जीवित रहा तो यह बात खुल जाएगी कि उसने अवैध धन अपने पास जमा कर रखा है। शत्रुओं ने हकीम अहसुनल्लाह ख़ान के ख़िलाफ़ साज़िश का जाल बिछाया। उन्हें अंग्रेज़ों का समर्थक घोषित करते हुए जान से मार देने का प्रयत्न किया और उनके मकान में घुस आए। हकीम उस समय बादशाह के पास थे। शत्रुओं ने हकीम को उनके मकान पर पाकर

सीधे लालक़िले का रुख़ किया। लालक़िले में घुसकर शत्रुओं तथा षड्यन्त्रकारियों ने राजा को घेर लिया लेकिन अपनी प्रजा से असीमित प्रेम करने वाले बादशाह ने स्वयं को हकीम पर गिराकर उन्हें क़त्ल होने से बचा लिया। यद्यपि हकीम की जान बच गई, परन्तु उनका मकान, जो चीन की चित्रशाला के समान भव्य था, शत्रुओं ने उसे तहस-नहस कर दिया और उसकी छतों में आग लगा दी गई। छतों से लटकते हुए झाड़-फ़ानूस और उन पर की गई नक़्क़ाशी राख में बदल गई। मकान की दीवारें धुएँ से इस प्रकार काली हो गईं मानो उन्होंने अपनी बरबादी के शोक में काले वस्त्र धारण कर लिये हों!

आसमान के बहकावे में मत आओ
यह अन्यायी उसी को
मिटा देता है जिसे अपने क़रीब
लाकर प्रेम करता है।

अगर यह दास जन्म से हरामी न होता तो कभी भी अपने मालिक के प्रति ऐसा व्यवहार न करता। ख़्वाजा का हत्यारा यह दास जिसके मुँह पर चेचक के दाग़ हैं, आँखों में बेशर्मी है और जिसका जबड़ा विशाल है; स्वयं को वीनस की भाँति सुन्दर समझता है। कूल्हे मटकाता हुआ घूमा करता है और समझता है कि उसकी चाल हिरन की चाल से कम नहीं। जान-बूझकर मैं उसका नाम नहीं लेना चाहता, क्योंकि वह एक गुमनाम व्यक्ति का जना हुआ है। अब जबकि मैंने उसके मुँह पर कालिख पोत दी है, अपनी बात को आगे बढ़ाना चाहता हूँ।

दुश्मन की फ़ौजें भारत के कोने-कोने से एकत्र हो रही थीं। चूँकि बादशाह स्वयं इन्क़लाबी था इसलिए बड़े-बड़े सरदार जो दूर-दूर के प्रान्तों से आए हुए थे, सबके सब इन्क़लाबियों से आकर मिल बैठे। फ़र्रुख़ाबाद के एक बड़े घराने का अमीर, तफ़ज़्ज़ुल हुसैन, जिसने पहले कभी बादशाह से हाथ मिलाने की चेष्टा न की थी, वह भी बादशाह से एक अच्छे मित्र और सहयोगी की भाँति

(पिछली बातों को भुलाकर) आ मिला और उन्हें अपने कृपापात्र होने का यक़ीन दिलाया।

ख़ान बहादुर ख़ान, एक बहका हुआ अमीर, सत्ता की तलाश में कुछ सिपाहियों को बरेली से अपने साथ लेकर बादशाह के समक्ष उपस्थित हुआ और बादशाह को एक सौ सोने के सिक्के भेंट किए। इसके अतिरिक्त उसने बादशाह को कुछ हाथी-घोड़े भी चाँदी के जीनों के साथ भेंट किए। बुरी नज़र रखने वाले का नाश हो!

नवाब यूसुफ़ अली ख़ान बहादुर, जो रामपुर का ख़ानदानी राजा था, उसने अंग्रेज़ों के साथ इतनी घनिष्ठ मित्रता बनाए रखी थी, जिसे हज़ार साल के बाद भी तोड़ा नहीं जा सकता। बाग़ियों को उसने एक ज़बानी पैग़ाम भेजा और उनके साथ हो लिया।

लखनऊ में फ़ौज ने अंग्रेज़ों से अपना नाता तोड़ लिया और अधिकतर सिपाही अपने दोस्तों या रिश्तेदारों के पास दूसरे शहरों में जा बसे। लेकिन कुछ अधिकारी अपने सिपाहियों के साथ बेली गार्ड में जाकर बहादुरी के साथ नगर के दरवाज़ों पर जा डटे और बाग़ियों को अन्दर घुसने से रोक दिया।

अंग्रेज़ों के छोटे-से समूह को ध्यान में न लाकर बुद्धिमान एवं अनुभवी शरफ़ुद्दौला ने, जो अवध के नवाबों के समय में वज़ीर के पद पर था, नवाब वाजिद अली शाह के दस वर्षीय पुत्र को हिन्दुस्तान के राजा का वज़ीर घोषित कर दिया और अपने लिए उसका रक्षक और नायब वज़ीर होने का ऐलान कर दिया। इस प्रकार इस प्रसिद्ध व्यक्ति ने 'हुमा' जैसी अप्राप्य चिड़िया को अपने जाल में फाँस लिया। ऐसा करने के उपरान्त उसने दिल्ली के शासक के पास अपने एक दूत को उपहारों के साथ भेजा। दूत दिल्ली पहुँचने के दो दिन बाद राजा के सम्मुख उपस्थित हो सका और फिर उसने राजा को हवा की तेज़ चाल वाले दो घोड़े, पहाड़ों जैसे ऊँचे दो हाथी, एक सौ इक्कीस सोने के सिक्के और सोने का एक प्याला जिसमें अनेक रंगों के अनमोल मोती जड़े थे, भेंट किया। महल की रानी के लिए

भी उसने हीरों के दो जड़ाऊ बाज़ूबन्द उपहार के रूप में भेंट किए। ये सारे उपहार एक भभकते हुए चिराग़ की भाँति थे, मानो शैतानी आँखें इसे बुझाने का प्रयत्न कर रही हों! अवध के नवाब की ओर से भेजे गए ये क़ीमती उपहार जब बादशाह तक पहुँचे तो ऐसा प्रतीत हुआ, जैसे सिकन्दर और उसका आईना चकनाचूर हो गया हो! जमशेद और उसका विश्वदर्शी प्याला टूट गया हो! अभी लश्कर का शोर कम न हुआ था कि अधखुली आँखें सदैव के लिए सो गईं। नहीं-नहीं, यह कहना उचित होगा कि बादशाह के भाग्य का सितारा आसमान की ऊँचाई पर पहुँच गया, कि ज़मीन पर रहने वाले उसे देखने में असमर्थ हो गए।

जिस समय सितारों की चमक बढ़ जाती है
बादशाहों के ताज गिर जाते हैं
क्या तुम नहीं देखते, कि सूर्य उनका मार्ग बदलते वक़्त
किस प्रकार आसमान में
काँपने लगता है?

जिस दिन बादशाह के महल में इस अशुभ दूत का स्वागत हुआ और उसके आदर में पार्टियाँ रखी गईं, उसके दूसरे दिन अर्थात् 14 सितम्बर (सोमवार), अरबी महीने की 24 तारीख़ को अंग्रेज़ों की उस टोली ने जो शहर के बाहरी इलाक़ों में पनाह लिए हुए थे, बड़ी तैयारियों के साथ कश्मीरी गेट पर धावा बोल दिया और बाग़ियों को मार भगाया।

यद्यपि मई के महीने में दिल्ली से न्याय उठ गया
परन्तु सितम्बर के महीने में अत्याचार के स्थान पर
एक बार फिर न्याय आ बैठा।
फिर चार महीने और चार दिन के बाद सारी धरती
प्रकाश से प्रज्वलित हो गई।
दिल्ली दीवानों से ख़ाली हो गई और उसकी बागडोर
दूरदर्शी तथा बुद्धिमानों के हाथों में पहुँच गई।

11 मई से 14 सितम्बर तक चार महीने और चार दिन होते हैं। सोमवार को दिल्ली पर बाग़ियों का क़ब्ज़ा हुआ था और सोमवार को ही उनसे दिल्ली खाली करा ली गई। इसे यूँ भी कहा जा सकता है कि शहर का छीना जाना और उस पर दुबारा अधिकार पाना एक ही दिन की बात है। संक्षेप में यह कि विजयी अंग्रेज़ों ने दुश्मन बाग़ियों को, जहाँ कहीं रास्ते में पाया, जान से मार डाला। नगर के सम्मानित-प्रतिष्ठित व्यक्तियों ने अपने घरों में ही पड़े रहने में अपना भला समझा और स्वयं को अपमानित होने से बचा लिया। कुछ ऐसे बाग़ी, जो घमंड में चूर थे; उन्होंने अविजित अतिथि, सिंह जैसे बाहुबल से मोर्चा लेकर स्वयं को मृत्युलोक पहुँचा दिया और कुछ ने जान बचाकर भागने में ही अपना भला समझा।

उनके अनुसार, वे शत्रु पर हमला कर रहे थे; पर वास्तव में वे दिल्ली की प्रतिष्ठा को भंग कर रहे थे। दो-तीन दिन तक कश्मीरी गेट से लेकर लालक़िले के चौराहे तक घमासान युद्ध चलता रहा। दिल्ली गेट, तुर्कमान गेट और कश्मीरी गेट भारतीय सेना के अधीन था। मुझ जैसे हृदयहीन व्यक्ति का शोकाकुल घर कश्मीरी गेट तथा दिल्ली गेट के बीच स्थित है। यद्यपि इन दोनों दरवाज़ों की दूरी मेरे मकान से बराबर के फ़ासले पर है, परन्तु मेरी गली के दरवाज़ों को बन्द कर दिया गया। फिर भी समय-समय पर हम हिम्मत के साथ दरवाज़ों को खोलते और खाने-पीने का सामान ले आते।

जैसा कि मैंने कहा कि क्रुद्ध शेरों ने जब नगर में घुसना शुरू किया तो बहुत सारे कमज़ोर और बेसहारा लोगों को उन्होंने जान से मार दिया, उनके घर जला दिए। विजेताओं की विजय के समय तो ऐसा ही होता है। विजेताओं के इस क्रोध से भयभीत होकर नगर के सम्मानित एवं प्रतिष्ठित लोग तीन दरवाज़ों से बच-बचाकर पास-पड़ोस की आबादियों में या सरायों में जा छुपे। उन्हें इन्तज़ार था कि जब शान्ति का वातावरण होगा तो वे फिर अपने नगर में बस जाएँगे। ऐसे वातावरण में मुझे किसी तरह का भय न था। ऐसे में मैंने ख़ुद से

कहा कि मैं क्यों किसी से भयभीत रहूँ। मैंने तो कोई पाप किया नहीं है। इसलिए मैं सज़ा का पात्र नहीं हूँ। न तो अंग्रेज़ ही बेगुनाह को मारते हैं, न ही नगर की हवा मेरे प्रतिकूल है। मुझे क्या पड़ी है कि स्वयं को हलकान करूँ? मैं एक कोने में, अपने घर में ही बैठा अपनी क़लम से बातें करूँ और क़लम की नोक से आँसू बहाऊँ। यही मेरे लिए अच्छा है।

मेरी खोली खाली है
मेरे आशा-तरु के पत्ते झड़ चुके हैं
या ख़ुदा! मैं कब तक इस बात से ख़ुश होता रहूँ
कि मेरी शाइरी हीरा है
और ये हीरे मेरी ही ख़ान के ख़ज़ाने हैं।

जन्म से जो भाग्य में लिखा है उसे बदला नहीं जा सकता। हर जन्मी का भाग्य एक अदृश्य फ़रमान में बन्द है, जिसमें न कोई आरम्भ है और न कोई अन्त। सभी को वही मिला है जो उस फ़रमान में लिखा हुआ है। हमारे सुख और दुख उसी से संचालित हैं। अतः हमें बुज़दिल तथा डरपोक नहीं होना चाहिए। बल्कि छोटे बच्चों की भाँति वक़्त की रगों (उतार-चढ़ाव) का हँसी-ख़ुशी तमाशा देखना चाहिए। वह शुक्रवार, 26 मुर्हरम यानी 14 सितम्बर का दिन था, कि दोपहर के समय सूर्यग्रहण लगा, जिसने संसार की प्रसन्न तथा प्रज्वलित आँखों पर काली चादर डाल दी। इन पाँच दिनों के भीतर पगच्युत, बदसूरत बाग़ी शहर के भीतर तथा बाहर से जान बचाकर भागने लगे और विजेताओं ने शहर तथा क़िले पर क़ब्ज़ा कर लिया। मार-धाड़, क़त्ल-हत्या का बाज़ार गर्म हो गया और यह हवा धीरे-धीरे हमारी गली तक पहुँच गई। परिणामस्वरूप भय का एक वातावरण चारों ओर विद्यमान हो गया। इस गली में बारह से अधिक मकान न होंगे, जिनमें जाने के लिए एक ही फाटक है। इस गली में एक भी कुआँ नहीं है। अधिकांश लोग मकान छोड़कर जा चुके हैं। औरतें अपने बच्चों को छाती से लगाकर और मर्द अपने सामानों को

सिर पर लिये भाग चुके हैं। कुछ ही लोग हैं जो अभी भी घर में मौजूद हैं, जिनके लिए कुछ भी लिखना उचित नहीं है। गली के दरवाज़े को अन्दर से बन्द कर दिया गया है। वह गली, जो सुनसान थी, अब उसके दरवाज़े भी बन्द कर दिए गए हैं। इस कथन में कोई सन्देह नहीं कि–

मेरी आत्मा मेरे शरीर से ज़्यादा कमज़ोर है
क्योंकि मेरा हृदय
मेरे कारागार के कोने से
अधिक छोटा है।

तात्पर्य यह है कि ऊँचे महलों और शानो-शौकत वाला पटियाले का राजा नरेन्द्र सिंह बहादुर अंग्रेज़ी सेना का शुरू से ही विश्वासपात्र था। राजा के कुछ उच्चाधिकारी, जो अंग्रेज़ों की सेवा में उपस्थित थे, आजकल वे इसी गली में रहते हैं। ये हैं हकीम महमूद ख़ाँ, हकीम मुर्तज़ा ख़ाँ, हकीम गुलामुल्लाह ख़ाँ; जो स्वर्गीय हकीम शरीफ़ ख़ाँ के वंशज हैं। ये सब शहर के प्रतिष्ठित लोगों में गिने जाते हैं। इनके मिले-जुले मकान गली के दोनों ओर स्थित हैं। लेखक (अर्थात् मैं) लगभग दस वर्षों से हकीम महमूद ख़ाँ का पड़ोसी है। यानी मेरे घर की दीवार उनके घर से मिली हुई है। हकीम महमूद ख़ाँ ने आज तक अपने पूर्वजों की शान और प्रतिष्ठा को पूर्ण रूप से बनाए और सँवारे रखा है। वे अत्यन्त सुखी जीवन व्यतीत कर रहे हैं।

हकीम मुर्तज़ा ख़ाँ और हकीम गुलामुल्लाह ख़ाँ बहुत सुख और आदर के साथ पटियाला के राजा के साथ रहते हैं। जिस समय दिल्ली पर अंग्रेज़ों के लिए दुबारा प्रभुत्व स्थापित करना सम्भव हो गया उस समय इस दयालु राजा ने अंग्रेज़ों के साथ बातचीत करके यह निश्चित करा लिया था कि दिल्ली पर विजय के तुरन्त बाद राजा के रक्षक इस गली के दरवाज़े पर पहुँच जाएँगे, ताकि अंग्रेज़ सेना, जिसे 'गोरे' कहते हैं, इस गली के पुराने (पुश्तैनी) मकानों

को हानि न पहुँचाएँ, इस बीच यह बताता चलूँ (बाद में इस गाथा को आगे बढ़ाऊँगा) कि 15 सितम्बर से हर घर बन्द पड़ा हुआ है। न तो कोई सौदा बेचने वाला है और न ही कोई ख़रीदने वाला। गेहूँ बेचने वाले कहाँ, कि उनके गेहूँ ख़रीदकर आटा पिसवा सकूँ। धोबी कहाँ, जो कपड़ों की बदबू दूर हो। नाई कहाँ, जो बाल काटे। भंगी कहाँ, जो घर का कूड़ा साफ़ करे। ये पाँच दिन किसी तरह गुज़र गए। नमक-पानी तो इस बीच कभी-कभी मिल भी जाता था, मगर दरवाज़े बन्द होने पर पहले पत्थर जमा किए और अब तो दिल के शीशे पर भी धूल जम गई है।

ऐसी गहमागहमी में सारी कोशिश बेकार हो जाती है।
शरीर में बहता हुआ रक्त
आग की भाँति जल उठता है।

अच्छा या बुरा किसी प्रकार सही, जो भी घर में खाने-पीने को मिलता था, खा लिया गया। पानी के लिए नाख़ून से कुआँ खोदना पड़ा। घर में जो थोड़ा बहुत पानी सुराही तथा अन्य बर्तनों में था, वह भी समाप्त हो गया। लोगों ने इस बात की आशा तक छोड़ दी कि आने वाले दिनों में लड़ाई बन्द हो जाएगी और फिर वह समय आ जाएगा। जब लोग अपनी भूख-प्यास मिटा सकेंगे। हम लोग दिन भर, रात भर भूखे और प्यासे बैठे रहे।

रोने-धोने और ख़ून के आँसू बहाने पर अफ़सोस!
इस असहाय तथा तुच्छ जीवन से पनाह!
ख़ुदा किसी को इतना कमज़ोर और दुखी न बनाए!
धिक्कार है ऐसे जीवन पर, जिसका कोई मार्ग तय न हो!
और मनुष्य ख़ुद को दिशाहीन समझे!

जैसा कि ऊपर कहा गया है, तीसरे दिन महाराजा पटियाला की सेनाएँ वहाँ आ गईं और गली के निवासियों का भय समाप्त हुआ। इस प्रकार गली के पुराने निवासी बलवाइयों की लूटपाट से मुक्त हो गए। सिपाहियों के स्वागत में आवाज़ें लगाने के पश्चात् गली के

निवासियों ने उनसे बाहर जाने की अनुमति ले ली। चूँह वह मित्र की सेना थी, किसी शत्रु की सेना न थी; इसलिए लोगों को चौक के बाहर तक जाने की अनुमति भी मिल गई। चौक के आगे जाना उचित न था। क्योंकि उधर मार-धाड़ का बाज़ार गर्म था।

इन असहाय तथा शक्तिहीन लोगों ने गली का फाटक खोला तो, मगर वहाँ कोई मशक या बाल्टी उपलब्ध न थी। तय यह पाया कि हर घर से एक व्यक्ति मेरे दो नौकरों के साथ पीने के पानी की कोई व्यवस्था करेंगे। चूँकि पीने का पानी दूर के इलाक़े में था, इसलिए वे खारे पानी से ही सुराहियाँ भर लाए, ताकि वह आग, जिसका दूसरा नाम प्यास है, उसे नमक के पानी से बुझाया जा सके। पानी लाने वालों ने बताया कि उस इलाक़े में, जहाँ इन्हें जाने की अनुमति नहीं थी, सिपाहियों ने वहाँ के कुछ घरों को तहस-नहस कर दिया है। न तो वहाँ आटा रखने के घड़े हैं, न ही तेल के पीपे। मैंने उनसे कहा कि ख़ुदा कभी पीपे, कुप्पे, आटे और तेल की बात नहीं करता, हमारी रोज़ी-रोटी उस मालिक के हाथ में है जो सबको उसका हिस्सा पहुँचाता है। वह तो शैतान है जो ख़ुदा के दिए हुए उपहार पर धन्य नहीं होता।

इन दिनों हम लोग कैदियों की भाँति जीवन व्यतीत कर रहे हैं और यही सच है कि हम लोग किसी कारागार में पड़े हुए हैं। कोई व्यक्ति हमसे मिलने नहीं आता और न ही हम तक किसी की कोई ख़बर पहुँचती है। हम अपनी गली छोड़ नहीं सकते। इसीलिए हम यह जानने से वंचित हैं कि हमारी आँखों के सामने क्या कुछ हो रहा है? वास्तव में हमारे कान बहरे हैं और हमारी आँखें अन्धी। क्योंकि न हम सुन सकते हैं और न ही देख सकते हैं। साथ ही हमारी रोटियाँ मीठी हैं और हमारा पानी नमकीन।

एक दिन अचानक बादल छा गए और पानी बरसने लगा। हमने छत की नालियों से गिरते पानी को चादरों से छानकर सुराहियाँ भर लीं।

कहते हैं कि बादल दरियाओं से पानी उठाते हैं और ज़मीन पर

वर्षा करते हैं। इस बार बादल 'हुमा' (न दिखाई देने वाली चिड़िया) की भाँति थे और अमृत बटोरकर लाए थे। ऐसा लगा मानो जिस पानी को सिकन्दर अपने प्रभुत्वकाल में न पा सका उसे हमने अपनी कठिनाइयों के बगल में पा लिया।

ऐ ग़ालिब! तुम्हारे दोस्त में कोई बुराई न थी
वह तो तुमको सेवा प्रदान कर रहा था
जिसे तुम समझ न सके।

इस समय मैं कुछ अपने जीवन की चर्चा भी करना चाहता हूँ कि अब तक मेरा जीवन किस प्रकार व्यतीत हुआ है और साथ ही यह कि मैं किन कामों में व्यस्त हूँ?

अपने दिल के नए घावों पर मैं मरहम लगाऊँ
और उस तीर को बाहर निकालूँ
जो मेरे हृदय में चुभा हुआ है।

यह मेरे जीवन का बासठवाँ साल शुरू हो गया है, जिसमें मैंने सारी दुनिया की खाक छानी है। पिछले पचास वर्षों में मैं कविता के मैदान में व्यायाम कर रहा हूँ। मैं जब पाँच साल का था तो मेरे पिता अब्दुल्लाह बेग ख़ान बहादुर इस संसार से सिधार गए। ख़ुदा उनकी आत्मा को शान्ति दे! उनकी मृत्यु के बाद मेरे चचा नसरुल्लाह बेग ख़ान बहादुर ने मुझे अपना बेटा बनाया और लालन-पालन किया। जब मैं नौ वर्ष का हुआ था, मेरे चचा भी सदा के लिए चिरनिद्रा में सो गए। उनके साथ ही मेरा भाग्य भी सो गया। मेरे चचा उच्चकोटि के मान-अभिमान वाले व्यक्ति थे, जो चार सौ घुड़सवारों के कप्तान और जनरल लॉर्ड लेक बहादुर के निकट सहयोगी थे। इस भले कर्मों वाले परोपकारी लॉर्ड के उपकार से मेरे चचा आगरा के निकट दो परगनों के मनसबदार बनाए गए थे। उनकी मृत्यु के बाद वे जागीरें अंग्रेज़ सरकार ने अपने क़ब्ज़े में ले लीं और दो सगे भाइयों के नाम पेंशन जारी कर दी, जो हमारे जीविकोपार्जन का आधार बनी। अप्रैल, 1857 के अन्त

तक मुझे दिल्ली कलेक्टर से पेंशन मिलती रही। उसके बाद वित्त विभाग बन्द हो गया और अब मैं अपने भाग्य से जूझ रहा हूँ और मेरा हृदय दुखों का घर बन गया है। आरम्भ में केवल मेरी पत्नी ही मेरे जीवन में थी; न तो कोई बेटा था, न बेटी। पाँच वर्ष पूर्व मैंने दो अनाथ बच्चों को गोद लिया, जो मेरी पत्नी के परिवार से सम्बन्धित थे। मुझे ये मीठी जुबान वाले बच्चे प्रिय थे, जो मेरी बदक़िस्मत ज़िन्दगी के फूल हैं। मेरा भाई, मुझसे दो साल छोटा है। तीस वर्ष की आयु में उस पर पागलपन का दौरा पड़ने लगा। अर्थात् वह दीवाना हो गया। पिछले तीस वर्षों से वह घर में ही शान्त, निर्दोष तथा अज्ञान का जीवन बिता रहा है। उसका घर मेरे घर से लगभग दो हज़ार कदम की दूरी पर होगा। उसकी पत्नी और बेटियाँ अपने बच्चों और दासियों सहित अपने दीवाने पति और उसकी सम्पत्ति को एक बूढ़े दरबान और एक नौकरानी के सहारे छोड़कर चले गए हैं। अगर मेरे पास कोई जादुई शक्ति होती, तो भी मैं इन तीनों को ऐसे समय में अपने घर न ला पाता। इसी कारण मेरा दिल बैठा जाता है और अवसाद से भरा हुआ है।

मेरे ये दो बच्चे, जिन्हें मैंने बड़ी उमंगों से पाला है, मुझसे फल, दूध और मिठाई की माँग करते हैं, पर मैं इन्हें सन्तुष्ट नहीं कर सकता। यह सब लिखते हुए मुझे दुख होता है, लेकिन मैं जब तक जीवित हूँ, नमक-रोटी के लिए जूझता रहूँगा और मृत्यु के बाद धूल-मिट्टी से उलझता रहूँगा। मैं हर समय यही सोचता हूँ कि मेरे भाई ने खाना खाया या नहीं? उसको रात में किस प्रकार नींद आई? मुझे उसके विषय में यह समाचार पाना भी दुर्लभ है कि वह जीवित है या उसकी मृत्यु हो गई?

मेरे होंठों पर केवल आह और चीख़ ही नहीं
बल्कि (ख़ुदा मेरी जान बचाए)
अब तो मेरी आख़िरी साँस भी
मेरे होंठों तक आ पहुँची है।

अब तक जिन घटनाओं का मैंने उल्लेख किया है, वे केवल

दुखद हैं। मगर मैंने जिन घटनाओं का अभी उल्लेख नहीं किया है, वे दिल हिला देने वाली हैं। मुझे आशा है कि मेरी दुख-भरी कहानी को सुनकर समझदार लोग आँसू नहीं बहाएँगे, बल्कि इसे धैर्य के साथ सुनकर न्याय करेंगे। इस वृद्धावस्था में मेरी दशा भोर के बुझते दीये या डूबते हुए सूर्य की भाँति है, जिसका अन्त निकट है।

मेरे कहने का तात्पर्य यह नहीं कि मैं दीये का प्रकाश या सूर्य की किरण हूँ, बल्कि उस दीये की भाँति हूँ जिसमें अब केवल एक क़तरा तेल रह गया है; उस सूर्य की भाँति हूँ, जो अस्त होने वाला है।

दो वर्ष पूर्व मैंने एक क़सीदा[5] न्यायप्रिय, दयावान और तारों जैसी चमक रखने वाली मलिका विक्टोरिया के सम्मान में लिखकर भेजा था। वह क़सीदा दिल्ली से बम्बई होता हुआ लंदन पहुँचा। लॉर्ड इलेन बोरो बहादुर, जो एक नामी शासक, कला-प्रेमी एवं दयावान व्यक्ति हैं, उन्होंने अपनी गवर्नरी के समय में मेरा हर प्रकार से साथ दिया और मुझे अपनी छत्रच्छाया प्रदान की; उन्हीं के द्वारा यह सम्भव हो सका।

हालाँकि मेरी क़िस्मत ने मुझे विश्वविजयिनी
रानी के सम्मुख उपस्थित न किया
फिर भी मैं उन तक अपने विचारों के आदान-प्रदान में
सफल हो गया।

यह पंक्ति उसी क़सीदे का एक अंश है, जिसका छन्द यही है। किसने सोचा था कि यह असम्भव काम सम्भव हो जाएगा? तीन महीने बाद अचानक एक दिन एक शुभ पत्र अंग्रेज़ी में लिखा हुआ लॉर्ड इलेन बोरो की ओर से मेरे पास पहुँचा; कि क़सीदा लंदन पहुँच गया है और जल्द ही रानी के सम्मुख प्रस्तुत कर दिया जाएगा। इस शुभ पत्र को आए हुए अभी तीस दिन भी नहीं हुए थे कि दिल को ख़ुश करने वाला एक पत्र मिस्टर रेजिंग्टन बहादुर की ओर से मुझ

तक पहुँचा, जिसमें लिखा था–

"लॉर्ड इलेन बोरो द्वारा भेजा हुआ क़सीदा जो हमें भेजा गया उसके विषय में प्रेषक को चाहिए कि वह प्रशासनिक प्रणाली को ध्यान में रखकर भारतीय शासक के द्वारा हम तक भेजे।"

अतः इस पत्र को दृष्टि में रखते हुए मेरी दरख़्वास्त उस अधिकारी के हस्ताक्षर के साथ इंग्लैंड की महारानी के सम्मुख प्रस्तुत की गई जो सिकन्दर जैसा महान और फ़रीदून[6] जैसा परोपकारी है, जिसका नाम लॉर्ड कैनिंग नवाब गवर्नर जनरल बहादुर है। इस प्रार्थना-पत्र में महारानी से अपील की गई कि रोम, ईरान और अन्य देशों के राजाओं की भाँति, जिन्होंने अपने कवियों तथा शुभचिन्तकों के मुँह मोतियों से भर दिए थे, गर्दनों में सोने की माला पहना दी थी और जागीरें अथवा अन्य उपहार भेंट किए थे; दयालु महरानी भी प्रार्थी अर्थात् ग़ालिब को 'मेहर-ख़ान' की उपाधि से और आभूषण से विभूषित करें। साथ में कुछ जीविकोपार्जन का साधन भी उपलब्ध कराएँ, जिसे अंग्रेज़ी में पेंशन कहते हैं।

उच्च कोटि के अधिकारी नवाब गवर्नर जनरल बहादुर ने मेरे कष्टों के निवारण हेतु मेरा प्रार्थना-पत्र महारानी को भेज दिया और मुझे इसकी सूचना भी दी। इस सूचना से मुझे इतनी प्रसन्नता हुई कि मैं अपने आपमें फूला न समाया। चार महीने के पश्चात् माननीय रसेल क्लार्क बहादुर की क़लम से लिखा हुआ एक पत्र मुझे मिला। मेरी इच्छाओं और आशाओं में बढ़ौती हो गई। मुझे विश्वास है कि यदि भारतीय शासन में तात्कालिक इंकलाब के कारण उथल-पुथल न हुआ होता, यदि न्याय का मार्ग विश्वासघाती सिपाहियों के कारण न बदला होता, तो अब तक इंग्लैंड की ओर से मुझे सम्मानित किया जा चुका होता। यह सम्मान मेरी तमाम आशाओं तथा अभिलाषाओं का पूरक होता और मेरा हृदय प्रसन्नता से झूम उठता। इस समय इस कामना के सिवा और कुछ भी नहीं है। हाँ, अगर कुछ और चीज़ें बची हैं, तो वे हैं मेरे दामन पर गिरे हुए रक्त के आँसू, जिन्हें मैंने इस

पत्र के पाने की ख़ुशी में बहाया था :

किसी तीर या तलवार ने मुझे हलाक़ नहीं किया
किसी शेर या चीते ने मेरे शरीर पर
अपने पंजे नहीं मारे
बल्कि मैंने ख़ुद अपने होंठ काट लिये हैं
और उनसे बहते हुए रक्त को अपनी जीभ से
मल रहा हूँ
मैं ख़ून पी रहा हूँ और अपने जीवन से थक गया हूँ

शहर पर क़ब्ज़ा होने और गली के फाटक बन्द होने के सत्रह दिन पश्चात् अर्थात् 31 सितम्बर, बुधवार के दिन यह समाचार प्राप्त हुआ कि लुटेरों ने मेरे भाई के मकान में घुसकर बड़ी लूटपाट की, मगर मेरे दीवाने भाई मिर्ज़ा यूसुफ़ ख़ाँ, बूढ़े चौकीदार और बूढ़ी नौकरानी को जीवित छोड़ दिया। ये दोनों (बूढ़े चौकीदार और बूढ़ी नौकरानी) दो हिन्दुओं के साथ, जो मेरे भाई के घर में पहले से शरणार्थी थे, रोटी-पानी के प्रबन्ध का भरसक प्रयत्न करते रहे।

यहाँ यह भी कहना है कि इस बलवे में हर स्थान की स्थिति अलग-अलग रही। सिपाहियों ने भी अलग-अलग ढंग से लोगों के प्रति व्यवहार किया। सिपाही कब और कहाँ किसका साथ देंगे और कहाँ साथ न देंगे यह भी उनकी व्यक्तिगत नीति पर निर्भर है। फ़रमान जारी हुआ है कि जिन लोगों ने अंग्रेज़ों की चढ़ाई के समय बाधा नहीं पहुँचाई उन्हें क्षमा कर दिया जाए, लेकिन जिन लोगों ने बाधा पहुँचाई और मोर्चा लिया उनकी सम्पत्ति ज़ब्त करके उन्हें जान से मार दिया जाए। यह माना जाता है कि केवल वही लोग आक्रमण में मारे गए जिन्होंने अंग्रेज़ सरकार का कहना न माना। यह भी सुनने में आया कि लूटपाट के मुकाबले में हत्या बहुत कम की गई। दो-तीन गलियों में कुछ ऐसी घटनाएँ भी घटीं जहाँ पहले हत्याएँ हुईं और बाद में सामान लूटा गया। पर वहाँ भी बूढ़ों, स्त्रियों तथा बच्चों

की हत्याएँ नहीं की गईं। अब जबकि मेरा लेख यहाँ आ पहुँचा है, इसकी चाल धीमी हो गई है। एक बार फिर मुझे रोना चाहिए, ताकि इसकी चाल तेज़ हो जाए।

हे संसार के साथ न्याय करने वाले और भलाई करने वाले व्यक्ति! अगर तेरा हृदय और तेरी ज़बान एक हो तो ईश्वर को साक्षी मानकर हिन्दुस्तानियों के चरित्र को ध्यान में ला, कि अपने मालिक से धोखा पाप है और बिना किसी अपराध के, अकारण ही हमने अपनी तलवार अपने मालिकों के ख़िलाफ़ उठाई और बेबस स्त्रियों तथा झूलों में खेलते बच्चों को मौत के घाट उतार दिया। अंग्रेज़ इस हत्या के विरुद्ध आगबबूला हो उठे और अपराधियों को सज़ा देने हेतु उन्होंने अपनी सेनाएँ तैनात कर दीं। अंगेज़ों का क्रोध चरम सीमा पर था और दिल्ली पर क़ब्ज़ा करने के पश्चात्–यह सोचा जा सकता है, कि वे एक-एक कुत्ते-बिल्ली को जीवित न छोड़ेंगे। यद्यपि उनका हृदय क्रोध की अग्नि में भड़क रहा है, फिर भी उन्होंने अपने को बहुत रोके रखा; कि कोई स्त्री या बच्चा उनका निशाना न बने। हाँ, किसी की जान या माल का हिफ़ाज़ती ऐलान नहीं किया गया और न ही आम जनता के लिए कोई निश्चित हिफ़ाज़ती क़दम उठाया गया। ताकि अपराधी और निरपराधी में भेद किया जा सके। केवल वही लोग सरकार के सामने अपनी बात रख सके जिन्हें सम्मन भेजकर बुलाया गया था। बहुत से नागरिकों ने शहर छोड़ दिया है, मगर कुछ ऐसे भी हैं जो आशा और निराशा के कगार पर खड़े हैं और अभी भी नगर के परकोटों के भीतर मौजूद हैं। उन व्यक्तियों के बारे में जो दिल्ली के अड़ोस-पड़ोस के सुनसान इलाक़ों में छिपे हुए हैं, अभी तक कोई सूचना प्राप्त नहीं हुई है। दिल्ली के भीतर या बाहर छिपे हुए लोगों की दशा अत्यन्त दयनीय है। लोग एक-दूसरे के विषय में यह जान लेते कि वे जीवित हैं या मर गए हैं तो उनके दुखों को बहुत हद तक राहत मिल जाती। यह अनभिज्ञता ऐसी है कि हर आदमी के बारे में हम यह सोचने पर

बाध्य हैं कि वह जहाँ भी होगा दुखी होगा।

दिल्ली के पुराने निवासी और दिल्ली के बाहर के उत्पीड़ित जनों का हृदय दुख और भय से भर गया है, कि किसी भी समय सामूहिक हत्याकांड हो सकता है। सोमवार, 5 अक्टूबर का दिन घटनाओं-भरा दिन था। अचानक दोपहर के समय गोरे सिपाहियों ने हमारी गली के क़रीब की दीवारें फाँदनी आरम्भ कर दीं। वे पहले छतों पर कूदे और फिर गली में कूदने लगे। राजा नरेन्द्र सिंह के रक्षकों ने उन्हें रोकने का भरसक प्रयत्न किया, पर वे नाकाम रहे। आसपास के छोटे-छोटे मकानों को ध्यान में न लाकर सिपाही सीधे मेरे मकान में घुस आए। अपने जान उन्होंने मेरी किसी भी वस्तु को हाथ न लगाया, मगर कुछ पड़ोसियों को कोलोनेल ब्राउन जैसे बुद्धिमान और अनुभवी व्यक्ति के पास ले गए। कोलोनेल ब्राउन कुतुबुद्दीन व्यापारी के मकान में रहते थे, जो चौक के उस ओर था, जिसकी दूरी कुछ फलांग होगी। कोलोनेल ब्राउन ने मुझसे अत्यन्त नम्रतापूर्वक व्यवहार किया और केवल मेरा नाम पूछकर मुझे वापस जाने को कह दिया। अन्य लोग, जो मेरे साथ ले जाए गए थे, उनसे उनके धन्धों के बारे में भी पूछा। मैंने कोलोनेल की प्रशंसा की, उसकी भलाई का धन्यवाद किया और अपने घर की ओर चल दिया।

7 अक्टूबर की शाम को इक्कीस तोपों की सलामी सुनी। यद्यपि ये आवाज़ें सुनकर मैं प्रसन्न हुआ, परन्तु मक़सद मैं न समझ सका। मुझे याद आया कि लेफ्टिनेंट गवर्नर बहादुर के आगमन के समय 17 तोपों की सलामी दी जाती है और जब नवाब गवर्नर जनरल बहादुर का स्वागत किया जाता है तब 19 तोपों की सलामी दी जाती है। मगर यह 21 तोपों की सलामी मेरी समझ से परे थी। दूसरे दिन यद्यपि मेरे ज्ञान और अज्ञान में कोई वृद्धि या कमी न हुई, फिर भी मैं इस निष्कर्ष पर पहुँचा कि शायद छोटे-बड़े अंग्रेज़ अफ़सरों ने किसी स्थान पर बाग़ियों के विरुद्ध लड़ाई जीत ली है। यह बात छिपी नहीं कि बरेली, फ़र्रुख़ाबाद और लखनऊ में बाग़ियों

की टुकड़ियों ने अपनी लड़ाई बराबर जारी रखी है। ख़ुदा करे कि उनके दिलों से ख़ून की धारा फूट पड़े और उनके हाथ टूट जाएँ, जिन्हें उन्होंने इस क्रूर कार्य के लिए उकसा रखा है। मेवातियों ने सोहना और नोह में इस प्रकार हंगामा खड़ा कर दिया है मानो पागलों की ज़ंजीर टूट गई हो। तुलाराम बाग़ी जो रेवाड़ी में बराबर ऊधम मचाए हुए था, अब मेवातियों के गुट से जाकर मिल गया है। अंग्रेज़ सरदारों से उनकी लड़ाई जंगलों तथा पहाड़ों में निरन्तर हो रही थी। ऐसा लगता है कि इस खतरनाक लड़ाई में हिन्दुस्तान की सारी धरती आग और तूफ़ान से भर जाएगी। इस दुखद घटना के कारण, जिसके आरम्भ या अन्त से मैं अनभिज्ञ हूँ, मेरी आँखों में आँसू आ गए हैं। यद्यपि इसे मैंने अपनी आँखों के सामने घटते देखा होता तो मेरी आँखों के छिद्र मिट्टी से भर जाते; जिन आँखों ने केवल दुर्भाग्य के काले दिन देखे हैं। इसलिए मैं कह सकता हूँ कि मैंने कुछ नहीं देखा। क्योंकि अँधेरे में देखना असम्भव है। जिस दिन मुझे श्वेत सिपाही मेरे घर से बाहर ले गए उस दिन के अलावा कोई ऐसा दिन न आया जब मैं अपने घर से बाहर निकाला हूँगा, बाज़ार या गली में घूमा हूँगा या दूर से ही मैंने चौक को देखा होगा। मानो निज़ामुद्दीन गंजवी[7] ने यह पंक्ति मेरे मुँह से ही कही होगी :

मैं नहीं जानता कि धरती का कारोबार किस प्रकार
चल रहा है, संसार में कौन सा अच्छा
और कौन सा बुरा काम हो रहा है,
यह जानने से मैं वंचित हूँ

मेरे दुखों और मेरे घावों पर कोई दवा काम नहीं करती। अब तो मैं यह सोचने पर विवश हूँ कि मेरे प्राण निकल चुके हैं और मैं एक मरा हुआ व्यक्ति हूँ। मेरा जन्म मेरी परीक्षा के लिए हुआ था और अब, जबकि मैं अपनी परीक्षा में असफल रहा हूँ; मुझे नरक के कुएँ में लटका दिया गया है। अतः अब मैं अपने कष्टों के निवारण के लिए कुछ नहीं कर सकता और सदैव नरक के बन्धन में जकड़ा रहूँगा।

दस्तंबू

अफ़सोस कि मेरा 'आज' ही मेरा 'कल' है। मेरी यह रचना आरम्भ से अन्त तक पूर्णतया वास्तविकता पर आधारित है। जिन घटनाओं का मैंने उल्लेख किया है, या तो वे स्वयं मुझ पर घटित हैं या फिर मेरी स्वयं की सुनी हुई हैं। किसी को अपने मस्तिष्क में ऐसा विचार न लाना चाहिए कि मैंने जो कुछ अपने कानों से सुना है वह सत्य नहीं, या मैंने उन्हें बढ़ा-चढ़ाकर लिख मारा है। मैं ख़ुदा की क़सम खाकर कहता हूँ कि मुझे उसके हाथों जकड़े जाने से डर लगता है। मेरी आँखें देख नहीं सकतीं, मेरा हृदय दुखों का कारागार है, मेरे होंठ मौन हैं और कानों के परदे लोगों की बोलियों से खुलते हैं। यह भिखारीपन कितना हीन तथा तुच्छ है।

शायद मुझे अपनी कथा उस समय से आरम्भ करनी चाहिए थी जब दिल्ली पर फिरंगियों का क़ब्ज़ा हुआ होगा और जिसके साथ जुड़ा हुआ था बादशाह और उसके पुत्रों का भाग्य। परन्तु मैंने अभी तक इस विषय में कुछ नहीं लिखा। इसका कारण है कि मेरा अधिकतर लेखन जनश्रुतियों पर आधारित है और अभी बहुत-सी ऐसी बातें हैं जिन्हें मैं सुन नहीं पाया हूँ।

निश्चित रूप से मैं सम्पूर्ण सत्य को एकत्रित करने के बाद तथा इस कारावास से निकलने के बाद पूरे विश्वास के साथ उसे प्रस्तुत करूँगा। इस विषय में मुझे अभी सारी बातें सुननी शेष हैं; जो मैं किसी जानकार व्यक्ति से ज्ञात करूँगा। मुझे आशा है कि मेरी इस पुस्तक के पाठकगण घटनाओं के आगे-पीछे होने तथा क्रम-भंग होने से मुझ पर क्रुद्ध न होंगे।

सोमवार, 19 अक्टूबर का दिन कैलेंडर से मिटा देना चाहिए। अपनी साँसों से आग उगलते हुए अजगर ने सारे संसार को ध्वस्त कर दिया, जबकि प्रातःकाल अभागा दरबान मेरे भाई के मरने का समाचार लाया। उसने बताया कि मृत्यु के मार्ग पर चलने वाला (मिर्ज़ा युसूफ़) पाँच दिन तक भयानक ज्वर में डूबा रहा और आधी रात के समय

इस संसार के बन्धन से मुक्त हो गया।

अरे! मैं विनती करता हूँ मुझसे मत पूछो, कि किस प्रकार मौत में नहाने वाले इस व्यक्ति के लिए पानी और रूमाल का इन्तज़ाम करूँ और उसके मुँह तथा शरीर को पोंछूँ। किस प्रकार उसकी क़ब्र बनाऊँ और उसे तोपने के लिए गारे-मिट्टी का प्रबन्ध करूँ। कृपया मुझे बताओ कि मैं लाश को कहाँ ले जाऊँ और किस क़ब्रिस्तान में दफ़न करूँ। बाज़ार में अच्छा या बुरा किसी प्रकार का कपड़ा मिलना असम्भव है।

ऐसा लगता है कि जैसे मज़दूर और ज़मीन खोदने वाले इस नगर में रहते ही नहीं थे। हिन्दू लोग मृतक के शरीर को नदी के किनारे जला सकते हैं, परन्तु मुसलमान बाहर निकलने की हिम्मत भी नहीं कर सकते। भले ही वे सामूहिक रूप से या दो-तीन व्यक्तियों के सहारे कन्धों पर मुर्दा बाहर निकालें, उन्हें इसकी अनुमति नहीं। अतः इस समय यह सवाल उठता है कि वे किस प्रकार अपने मुर्दों को नगर से बाहर ले जाकर मिट्टी दें?

मेरे पड़ोसियों ने मुझ पर दया की और इस सम्बन्ध में मेरी सहायता करने का वचन दिया। पटियाला के एक सिपाही को आगे-आगे लेकर दो नौकरों की सहायता से हम लाश को बाहर लाए। उन्होंने लाश को धोया और मेरे घर से कपड़ों के दो-तीन टुकड़े लेकर लाश को लपेटा। फिर घर के पास वाली मस्जिद की ज़मीन को खोदकर लाश को दफ़न किया और वापस आ गए।

रहम इस शख़्स पर, जो साठ बरसों तक ज़िन्दा रहा
जिसकी तीन दहाई उम्र कष्ट में कटी
इसकी क़ब्र में तकिया लगाने के लिए पत्थर भी नहीं
इसके भाग्य में सिवाय धूल के और कुछ भी नहीं
या ख़ुदा! इस मुर्दे को बख़्श दे
क्योंकि अपने जीवन में यह सुख से वंचित रहा है
इसका मन बहलाने के लिए फ़रिश्तों को भेज
और इसकी आत्मा को स्वर्ग में स्थान दे।

दस्तंबू

इस अभागे भलेमानस ने अपने जीवन के 60 वर्ष सुख और दुख में काटे। 30 वर्षों तक जिसने अपनी बुद्धिमत्ता का परिचय दिया और शेष 30 वर्ष पागलपन में व्यतीत हुए। जब तक इसकी बुद्धि ठीक रही, कभी क्रुद्ध न हुआ और पागलपन में भी वह कभी दूसरों को कष्ट न देता था। मानो यही व्यवहार उसके जीवन का परम उद्देश्य था। 29 सफ़र (अरबी कैलेंडर का एक महीना) 1274 हिजरी को उसका देहान्त हुआ। एक सभा में एक व्यक्ति ने मुझसे कष्टमय जीवन व्यतीत करने वाले तथा स्वयं से अनभिज्ञ रहने वाले मिर्ज़ा यूसुफ़ की मृत्यु की तारीख़ पूछी तो मैंने आह भर कर कहा :

दरेग़ दीवाना! यानी अफ़सोस है दीवाने पर।

ज्ञातव्य है 'दरेग़ दीवाना' के अक्षरों का योग 1290 होता है। यदि 16 अंक इसमें से निकाल दिए जाएँ, तो 'आह' के अक्षरों के योग के बराबर होगा और यही तारीख़ निकल आती है, जो 1274 हिजरी है[8]।

मैं इस मौक़े पर ख़ुदा का नाम लेता हूँ
जो हर समय हमारे कार्यों को देखता है
जहाँ भी तुम अपना सिर झुकाओगे,
उसकी ही चौखट होगी।

जिस वक़्त अंग्रेज़ों ने नगर को जीता उसी सप्ताह के अन्दर अमीनुद्दीन ख़ान बहादुर तथा मोहम्मद ज़ियाउद्दीन ख़ान बहादुर जैसे चतुर और वैभवशाली व्यक्तियों ने नगर को छोड़ दिया, ताकि आत्मसम्मान बनाए रखें। उन्हें इस बात की आशा भी है कि वे नगर से बाहर जाकर अपनी प्रतिष्ठा बढ़ा लेंगे। पत्नियों और बच्चों के अतिरिक्त उनके साथ तीन हाथी, चालीस घोड़े, लोहार परगना की ओर चल पड़े हैं, जो उनके पूर्वजों की जागीर है। सबसे पहले वे मेहरौली गए, जहाँ चौड़े-चकले कब्रिस्तान में डेरा डाला और दो तीन दिन बिताए।

इस बीच लुटेरे फ़ौजियों ने उन्हें आ घेरा और उनके तन के वस्त्रों के अलावा बाक़ी सारा सामान लूट लिया। केवल तीन हाथी,

जिन्हें उनके वफ़ादार साथियों ने लूटपाट आरम्भ होने से पहले ही वहाँ से हटा दिया था, वही बाक़ी बचे। उनकी दशा किसी जले हुए खलिहान की भाँति दिखाई पड़ती है।

लूटपाट की घटना से पीड़ित लोगों ने अब दुजाना की ओर प्रस्थान किया। वे अपनी सारी खाद्य-सामग्री खा चुके थे। दुजाना के प्रख्यात परोपकारी राजा हसन अली ख़ान बहादुर ने उनका भव्य स्वागत किया और उन्हें दुजाना में रहने की अनुमति प्रदान करते हुए उनसे कहा कि वे उनके घर को अपना घर समझें।

संक्षेप में कहा जा सकता है कि नेकदिल हसन अली ख़ाँ ने अपने अतिथियों के प्रति वही नम्र एवं मित्रतापूर्ण व्यवहार किया जैसा कि ईरान के राजा ने हुमायूँ के साथ किया था। जिस समय कमिश्नर बहादुर को यह समाचार मिला तो उन्होंने इन लोगों को दिल्ली वापस आने के लिए आमन्त्रित किया और वे दिल्ली वापस आ गए। पहले तो कमिश्नर ने उन्हें दिल्ली से भागने के लिए उलाहना दी, मगर बाद में जब उन्हें नम्रतापूर्ण उत्तर मिला तो वे चुप हो गए और उन्हें लालक़िले में अपने महल के पास रहने की अनुमति दे दी।

इस कहानी का सिलसिला बनाए रखने के कारण मैंने इस परिवार की अन्य लूटपाट की घटनाओं का वर्णन नहीं किया है। मैं केवल इतना ही कह सकता हूँ कि ये लोग मेहरौली तथा दिल्ली दोनों स्थानों पर लूटे गए। ये लोग केवल अपने आपको लेकर ही दुजाना पहुँचे। उनके महल तहस-नहस कर दिए गए और केवल ईंट-पत्थर ही बचे रह गए। न तो उनका सोना-चाँदी बच सका और न ही उनके कपड़े या बिस्तर। भगवान निरपराधियों पर दया करें और उनका अशुभ आरम्भ शुभ अन्त में परिवर्तित हो। ईश्वर करे कि वे इस आघात से बाहर निकलें और सुखी जीवन पाएँ।

वह 17 अक्टूबर, शनिवार का दिन था जबकि ये सम्मानित जन शहर को वापस आए और जैसा कि मैंने पहले कहा, कि वे क़िले में

आकर ठहरे। इस घटना के दो या तीन दिन बाद फ़ौज को आज्ञा दी गई कि झज्जर के राजा अब्दुर्रहमान को बन्दी बनाकर लाया जाए। अब्दुर्रहमान को एक अभियुक्त की भाँति क़िले में लाया गया और दीवाने-आम के एक कोने में डाल दिया गया। साथ ही उसकी जागीर अंग्रेज़ों द्वारा छीन ली गई।

31 अक्टूबर, शुक्रवार के दिन फ़ौज ने फ़र्रुख़नगर के राजा अहमद अली ख़ान को बन्दी बना लिया और उसे भी ठीक अब्दुर्रहमान ख़ान की भाँति क़िले के दूसरे स्थान पर डाल दिया गया। तदुपरान्त फ़र्रुख़नगर लुटेरों का निशाना बन गया और पूर्वजों के वंशज का अधिकार वहाँ से समाप्त हो गया।

2 नवम्बर, सोमवार के दिन दादरी तथा बहादुरगढ़ का राजा बहादुरजंग ख़ाँ गिरफ्तार कर लिया गया और उसके लिए भी क़िले में ही प्रबन्ध कर दिया गया।

17 नवम्बर, शनिवार के दिन बल्लभगढ़ का राजा नाहर सिंह बहादुर जंग ख़ाँ के साथ बन्दी बनाए जाने के लिए क़िले में लाया गया। इस प्रकार सभी वैभवशाली लोग, जो अड़ोस-पड़ोस में बसते थे, उन्हें क़िले की चारदीवारी में लाया गया। यह कहना उचित होगा कि दिल्ली एजेंसी के अधीन उतनी ही जागीरें हैं जितने एक सप्ताह में दिन होते हैं। इन जागीरों के नाम हैं—झज्जर, बहादुरगढ़, बल्लभगढ़, लोहारू, फर्रुख़नगर, दुजाना और पटौदी। जैसा कि मैंने ऊपर लिखा है, कि इनमें से पाँच जागीरों के राजा क़िले में बन्दी बनाकर लाए जा चुके थे। शेष दो जागीरों अर्थात् पटौदी और दुजाना के जागीरदार भयभीत कर देने वाले बाणों से छिन्न-भिन्न हो रहे थे। देखना है कि उनकी सर्वदर्शी आँखें आगे क्या देखती हैं और आगे उनकी क्या दशा होती है?

यह बात छिपी नहीं कि मुज़फ़्फ़रुद्दौला हैदर ख़ाँ और जुल्फ़िकारुद्दीन हैदर ख़ाँ, जो 'हुसैन मिर्ज़ा' की पदवी से विभूषित थे, अन्य सम्मानित व्यक्तियों की भाँति उन्होंने भी इन तूफ़ानी दिनों में अपने स्त्री-बच्चों सहित नगर को त्याग दिया। उन्होंने अज्ञात दिशा

में अपने क़दम बढ़ाए और अपना घर तथा उनमें भरा हुआ अनमोल सामान वैसे ही छोड़ दिया। इन जागीदारों के एक-दूसरे से जुड़े हुए मकान और महल इतना फैलाव रखते थे कि जिन्हें देखने से ऐसा प्रतीत होता था कि यदि वे एक तहसील की भाँति न थे तो एक गाँव के बराबर तो थे ही। वे चौड़े-चकले महल, जिनमें अब कोई निवास करने वाला न था, लुटेरों ने उन्हें तहस-नहस कर दिया था।

जिस रात को नाहर सिंह पकड़ा गया उसकी सुबह को कुछ भारी और कम क़ीमत वाली वस्तुएँ जैसे लकड़ी और पत्थर के बने हुए सामानों में सहसा आग लग गई और सब-कुछ जलकर राख हो गया। ये मकानात मेरे घर के पास पूरब की ओर हैं जिन्हें मैंने अपने घर की छत से आग की भयानक लपटों में राख होते देखा। धू-धू करता हुआ काला धुआँ मेरे मुँह और आँखों तक आ पहुँचा और पुरवा हवा का झोंका मेरे बदन पर राख भरकर गुज़र गया। मेरे एक पड़ोसी के घर से जब संगीत की लहरें आसानी से मुझ तक पहुँच सकती हैं तो दूसरे पड़ोसी के घर की राख मुझ तक क्यों न पहुँचे? मेरी क़लम की चाल अधमरी चींटी की तरह सुस्त है। यह बड़ा कठिन काम है, कि मैं सारी बातें अपने पाठकों के लिए काग़ज़ पर उड़ेलकर रख दूँ। राजकुमारों के विषय में इससे अधिक और कुछ नहीं कहा जा सकता कि उनमें से बहुतेरों को गोली मार दी गई और मौत का नाग उन्हें चबा गया। उनमें से कुछ ऐसे भी थे जिनकी गर्दन में फाँसी का फंदा डाल दिया गया और उनकी आत्मा तड़प-तड़पकर ठिठुर गई। कुछ मुरझाए हुए लोग कारागार में हैं और कुछ अपने वतन से दूर अपना चिन्ताग्रस्त जीवन व्यतीत कर रहे हैं। निर्बल एवं निःसहाय राजा पर मुक़दमा चल रहा है।

झज्जर, बल्लभगढ़ तथा फ़र्रुख़नगर के जागीरदारों को अलग-अलग समय में फाँसी पर लटका दिया गया। उन्हें इस प्रकार मौत के घाट उतारा गया कि कोई यह न कह सके, कि उनका रक्त बहाया गया।

जनवरी सन् 1855 ई. के आरम्भ में हिन्दुओं को आज़ादी मिल गई और उन्हें नगर में बसने की अनुमति भी दे दी गई। हिन्दू लोग जहाँ-जहाँ थे, नगर की ओर चल पड़े। बरबाद मुसलमानों के घर ख़ाली रहने के कारण उन पर घास उग आई है और उनकी चौखट एवं दीवारें हरी दिखाई पड़ रही हैं। दीवारों पर उगी घासों से हर वक़्त यह आवाज़ आती है कि मुसलमानों के स्थान रिक्त हैं।

निश्चय ही बुरे आचरणों वाले मुख़बिरों के कहने पर नगराधिकारी के दिमाग़ में यह आया होगा कि राजा नरेन्द्र सिंह बहादुर के वैद्यों का मकान मुसलमानों के इकट्ठा होने तथा शरण लेने का स्थान है। इसमें सन्देह नहीं कि दो-एक उपद्रव मचाने वाले असभ्य व्यक्ति इस सभा में विराजमान हों। शायद यही सोचकर 2 फ़रवरी, मंगलवार के दिन नगराधिकारी अपने कुछ सिपाहियों को लेकर इस जगह पर आया और मकान मालिक के साथ अन्य 60 शरणार्थियों को अपने साथ बन्दी बनाकर ले गया। यद्यपि उन्हें कई रात और कई दिन तक कारागार में रखा, पर सम्मानित व्यक्तियों की मर्यादा को भी ध्यान में रखा।

5 फ़रवरी, शुक्रवार के दिन हकीम महमूद ख़ाँ, हकीम मुर्तजा ख़ाँ और उनके भतीजे अब्दुल हकीम ख़ाँ उर्फ़ हकीम काले को वापस जाने की अनुमति मिल गई।

12 फ़रवरी, शुक्रवार को ही कुछ अन्य लोग और 13 फ़रवरी, शनिवार को तीन व्यक्ति वापस आ गए। परन्तु आधे से अधिक कारागार में रह गए। यह विपत्ति, जो मेरे पड़ोस में आन पड़ी तथा यह हंगामा जो मेरी गली में हुआ, इसके कारण मुझ जैसे दुखी फ़क़ीर का दिल धड़-धड़ करने लगा। यद्यपि इस पकड़-धकड़ में मुझसे कुछ पूछताछ नहीं की गई, फिर भी अभी तक यह हाल है कि दिन भर असमंजस में रहता हूँ, रात को चैन की नींद नहीं ले पाता।

फ़रवरी के इस ख़ुशनुमा महीने से लेकर फ़रवरदीन (ईरानी कैलेंडर का पहला महीना तथा वसन्त ऋतु का आरम्भ, जिसमें सूर्य

की चमक और तपिश बढ़ जाती है) तक सूर्य को अपने चरमोत्कर्ष पर पहुँचने के लिए एक महीने की यात्रा करनी शेष है। सर जॉन लारेंस साहब, चीफ़ कमिश्नर बहादुर, जो एक दयावान अधिकारी तथा सूर्य और नक्षत्र के समान यश रखने वाले व्यक्ति हैं, उनके आने का समाचार मिलने लगा। चूँकि मेरा यह मानना है कि जो भी अधिकारी हिन्दुस्तान में आए, विशेषकर इस दिल्ली में, उसकी प्रशंसा में क़सीदा लिखा जाए। इसलिए सर्वशक्तिमान (सर जॉन लारेंस) की प्रशंसा में एक क़सीदा लिखा, जिसमें विजय की बधाई और नौरोज़ (ईरानी वर्ष का पहला दिन अर्थात् 21 मार्च) के स्वागत की चर्चा की गई थी। इसे मैंने 19 फ़रवरी को शुक्रवार के दिन डाक द्वारा भेजा।

20 फ़रवरी को सायंकाल 21 तोपों की गरजदार आवाज़ें सुनाई पड़ीं और रविवार की सुबह को लखनऊ शहर पर अंग्रेज़ों की विजय का समाचार मिला। इस विजय की विस्तृत जानकारी इस प्रकार थी; कि 16 फ़रवरी के आकाश पर चमकते हुए नक्षत्रों की भाँति रणकुशल कमांडर-इन-चीफ बहादुर ने काले मुँह वाले बाग़ियों पर इस प्रकार धावा बोल दिया कि आसमान के सरदार (मिर्रीख़[9]) ने उनके लिए इतनी मंगल कामनाएँ कीं कि उसके मुँह में छाले पड़ गए और ज़बान थक गई।

संसार को विकास का समाचार मिला और सांसारिक व्यक्तियों को आज़ादी का शुभ सन्देश। आज़ाद और सत्कर्मी जाति के लोगों (अंग्रेज़ों) की इच्छा पूरी हुई और कुकर्मियों का वहाँ उठना-बैठना भी समाप्त हो गया। तत्पश्चात् सुनने में आया कि तोपों की गर्जना और शहनाइयों की लय केवल शक्ति का बोध कराने के लिए थीं। विजेताओं का भाग्य रखने वाले फ़ौज के सिपाही इस लड़ाई में शहर पर क़ब्ज़ा न कर सके, बल्कि बहादुरों की भाँति शत्रु को धराशायी करने के पश्चात् अपने पड़ाव की ओर लौट आए थे।

24 फ़रवरी को बुधवार के दिन दोपहर के समय, जो कि शुभ समय था; न्यायवाटिका के आज़ाद सर्व[10], प्रज्वलित आकाश में

चमकीले चन्द्रमा, सुसज्जित, प्रतिष्ठित एवं नक्षत्रों जैसे नेत्र वाले चीफ कमिश्नर बहादुर ने अपने घोड़े की टापों के निशान से दिल्ली की धरती को आकाश के तारों से मिला दिया और तेरह तोपों की सलामी की आवाज़ ने मुरझाए हुए दिलों को प्रेम एवं स्नेह का सन्देश दिया। बादशाहों जैसी यशपताका फहराने वाले शासक के आने से शहर के मुर्दा शरीरों में भी जान आ गई। शहर में प्रसन्नता की ऐसी लहर दौड़ गई है मानो शाहजहाँ वापस आ गए हों।

27 फ़रवरी को जब शनिवार का दिन समाप्त हुआ और रात की बेला आई-रात का वह तीसरा पहर था, जब अत्याचार सहन करने वालों के हृदय से निकलता हुआ धुआँ चन्द्रमा में देखा जाने लगा–लोग चिल्ला उठे, कि चन्दमा को ग्रहण लग गया। उसी शनिवार को पहरे उठा लिये गए। न्याय माँगने और पीड़ित जनों को हाकिम के समक्ष उपस्थित होने की अनुमति मिल गई और इच्छुक व्यक्तियों को पनाह दे दी गई।

नगर के भीतर स्थित बन्दीगृह और नगर के बाहर स्थित कारागार में अनेक व्यक्तियों को भर दिया गया है। इन सँकरे स्थानों में बन्दियों की भीड़ को देखकर ऐसा प्रतीत होता है कि मनुष्य में मनुष्य समाया जा रहा है। इन दोनों बन्दीगृहों में जिन क़ैदियों को फाँसी पर लटकाया जा चुका है, उनकी गणना केवल मृत्युलोक का दूत ही कर सकता है। नगर के मुसलमानों की संख्या एक हज़ार से अधिक पाओगे। मैं भी उनमें से एक हूँ। जो लोग नगर छोड़कर चले गए हैं उनमें से कुछ इतनी दूर निकल गए हैं कि मानो वे कभी भी दिल्ली के निवासी न रहे हों। बहुत सारे उच्च कोटि के नागरिक नगर के इर्द-गिर्द दो-दो, चार-चार कोस की दूरी पर टीलों, गढ़ों या छप्पर के कच्चे मकानों में अपने भाग्य की भाँति आँखें बन्द किए पड़े हुए हैं। इन निर्जन स्थानों में पड़े हुए व्यक्तियों के समूह में या तो वे लोग हैं जो नगर में पुनः प्रवेश कर जीवन व्यतीत करना चाहते हैं या बन्दी बनाए गए व्यक्तियों के सगे सम्बन्धी हैं और या फिर वे

लोग हैं जिन्हें सरकार से पेंशन मिलती है। लोगों के प्रार्थना-पत्रों में रिहाई, आज़ादी तथा पेंशन की भुगतान के अतिरिक्त अन्य कोई शीर्षक नहीं। न्याय माँगने वालों की दो-तीन हज़ार याचिकाएँ न्यायालय में पहुँच चुकी हैं। ये न्याय माँगने वाले व्याकुल हैं कि आगे क्या सुनने और देखने को मिलेगा?

मैं भी प्रशंसा-पत्र के जवाब का बेचैनी से इन्तज़ार कर रहा था, जिसे मैंने डाक से भेजा था। अनेकानेक दुखदायी विचारों के कारण हाकिम के पास जाने और उससे भेंट करने का अवसर न मिल सका। संक्षेप में यह, कि हर तरह के कष्ट से मैं घिरा हूँ। मानो चारों ओर काँटे ही काँटे हैं। अगर बाहर निकलोगे तो इन काँटों को रास्तों में बिछा हुआ देखोगे, अगर घर में ही बैठे रहोगे तो मालूम होगा कि ये कपड़ों में छिपे हुए हैं। मैं अभी तक अपनी उत्सुकता को दबाए हुए था, कि 8 मार्च को सोमवार के दिन मेरे पास वह पत्र एक नोट के साथ वापस आ गया। पत्र के ऊपरी हिस्से पर ज्ञानियों के हाकिम का फ़रमान चमक रहा था, कि यह पत्र प्रार्थी को वापस कर दिया जाए, ताकि वह नगर के अफ़सर की मार्फ़त हमारे पास भेजे। सबने कहा और मैंने भी सोचा कि यह लाभप्रद जवाब मेरी इच्छाओं के अनुकूल है और इससे प्रतीत होता है कि मेरी प्रार्थना स्वीकार कर ली जाएगी। इस पत्र में कुछ शब्द और लिखकर मैंने न्यायप्रिय, जनसेवक एवं ज्ञानी चार्ल्स साइरस साहब चीफ कमिश्नर बहादुर की सेवा में उसे अर्पित किया। साथ ही उस पत्र को चार्ल्स साइरस के नाम कर दिया, जो मेरी पुरानी इच्छाओं अर्थात् पेंशन की भुगतान के विषय में था।

17 मार्च को बुध के दिन हाकिम के दरबार में मेरी पहली इच्छा के सम्बन्ध में यह हुक्म मिला कि वह पत्र, जिसमें सिवाय शुभकामनाओं के और कुछ नहीं है, इसके भेजने की कोई आवश्यकता नहीं है। मैंने भी सोचा, कि ऐसे असन्तुलित समय में प्रेम तथा उल्लास की भावना

का क्या काम? मैं तो पेट रखने वाला जीव हूँ, मुझे तो रोटी चाहिए। देखूँ उस दूसरी इच्छा के विषय में क्या होता है?

18 मार्च को शाम के वक़्त, शुक्रवार के दिन[11] आत्मा को शक्ति प्रदान करने वाली तोपों की गड़गड़ाहट नीले आकाश में गूँज उठी जिससे लखनऊ पर अंग्रेज़ों की विजय और प्रतिशोधित फ़ौज के वहाँ फैल जाने का समाचार प्राप्त हुआ। इस नगर में न तो कोई क़िला है और न ही नगर के इर्द-गिर्द दीवारें और दरवाज़े हैं। ज़रूर... बाग़ियों की टोलियाँ दीवार की भाँति अंग्रेज़ सिपाहियों का रास्ता रोके हुए होंगी। जब वे निर्बल दीवारें शक्तिशाली अंग्रेज़ सिपाहियों की आँधी से गिर गई होंगी तो सवारों तथा पैदल सेनाओं के चलने से वहाँ अवश्य ही हर मार्ग पर धूल-मिट्टी उड़ी होगी। ख़ुदा जिसे शासन प्रदान करता है, निश्चय ही उसे धरती को जीतने की शक्ति भी प्रदान करता है। इसलिए जो व्यक्ति शासकों के विरुद्ध कार्य करता है वह इस लायक़ है कि उसके सिर पर जूते पड़ें। शासित का शासक से लड़ना अपने आपको मिटाना है।

दुनिया वालों के लिए उचित यही है कि वे उन व्यक्तियों के सामने नतमस्तक हो जाएँ जिन्हें ख़ुदा ने भाग्यशाली बनाया है। उन्हें चाहिए कि वे उनके सामने सिर झुकाएँ और शासक के आज्ञा-पालन को ख़ुदा का आज्ञा पालन समझें। जब हमें ज्ञात है कि भाग्य, शासन और शक्ति किसको प्रदान की हुई है तो फिर यह मोर्चाबन्दी और आक्रमण क्यों? शीराज़ के कवि 'सादी' ने इसी बात को कितने सुन्दर ढंग से व्यक्त किया है :

अगर गुलाम अपने मालिक के सामने
सिर नहीं झुकाएगा तो और क्या करेगा।
चौगान[12] खेलते समय गेंद घुड़सवार के
आज्ञा-पालन के अलावा और क्या कर सकती है।

22 मार्च से मुझ दीवाने के दिल में यह बात खटक रही है कि संसार में फ़रवरदीन (ईरानी महीना) का महीना और नौरोज़ (21 मार्च)

का दिन भी आता है और संसार को प्रकाशित करने वाला वह दिन (नौरोज़) इन्हीं दो-चार तारीख़ों में होता था। इस वर्ष शायद यह नगर मुर्दों का ठिकाना है, कि वसन्त के आने पर आनन्द का कोलाहल सुनने में नहीं आता है। कोई नहीं कहता, कि तुर्कों के दवाजदा गामा[13] की तरह वह कौन-सा वर्ष होगा, कौन-सा वक़्त होगा, जब रात और दिन बराबर हो जाएँगे? यदि नक्षत्रशास्त्री मर गए हैं और उनके राजा सूर्य क़ी परिक्रमा का रजिस्टर कोरा रह गया है, तो यह समझो कि कुछ झूठ बोलने वाले कम हो गए और यह मान लो कि कुछ झूठी बातें सुनी ही नहीं। सूर्य ने अपनी चाल बन्द नहीं की है, कि पौधे न उगें और फूल न खिलें। विश्व-रचना के सिद्धान्तों में परिवर्तन नहीं आता। आकाश पूर्वनिर्मित सिद्धान्तों के विरुद्ध कार्य नहीं करता।

मैं बाग़ पर नहीं, अपने आप पर रो रहा हूँ। मुझे वसन्त ऋतु से कोई शिकायत नहीं। मैं तो अपने अभागेपन की दुहाई दे रहा हूँ।

संसार गुले-लाला सा रंगीन और गुलाब के फूलों की भाँति सुगन्धित है। पर मैं एक कोने में बेसहारा और बेसरो-सामान बैठा हुआ हूँ। वसन्त ऋतु है और मेरे पास कुछ भी नहीं है। ग़रीबी के कारण दरवाज़ा बन्द है। मैं रोता हूँ और सोचता हूँ कि संसार बहुत निष्ठुर है। दुखों और पीड़ाओं से घिरा हुआ मैं अगर फूल-पत्तों को न देखूँगा और मस्तिष्क को उनके सुवास से सुगन्धित नहीं करूँगा तो वसन्त में कोई कमी आने वाली नहीं और न ही हवा का कुछ बिगड़ने वाला है।

हकीम महमूद ख़ाँ के साथ जो लोग कारागार में थे, वे रिहा कर दिए गए और सबने अपना-अपना रास्ता लिया। नाजों में पला हुआ भला मानस हकीम महमूद ख़ाँ अपने सारे सम्बन्धियों, साथियों और परिवार के साथ पटियाला की ओर चला गया। कहा जाता है कि अभी तक वह करनाल में रह रहा है। पता नहीं आगे के लिए उसने क्या सोचा है?

मई के आरम्भ में कानों को यह समाचार सुनने का सौभाग्य मिला कि प्रतिशोध से भरे हुए बहादुरों की सेना ने मुरादाबाद को जीत लिया है, जो नासमझ बाग़ियों का ठिकाना था। और इस शहर को न्याय से सुशोभित करने के लिए उच्च कुल और ज्ञान के श्रोत नवाब यूसुफ़ अली ख़ान बहादुर के हवाले कर दिया गया है। आजकल नवाब यूसुफ़ अली ख़ान, संसार को जीतने और उस पर शासन करने के योग्य हैं, उस इलाक़े पर हुकूमत कर रहे हैं और मुझे उम्मीद है कि वे सदैव शासन करते रहेंगे।

इसके अलावा, कहते हैं कि जिस समय पहाड़ों को चीरने वाली और नागों का शिकार करने वाली फ़ौज ने बरेली एवं मुरादाबाद पर चढ़ाई की, तो वहाँ के बाग़ी सरदारों को इस प्रकार निकाल बाहर किया कि जैसे शक्तिशाली लहरें पानी पर तैरते हुए काठ-कबाड़ को फेंक देती हैं। इस स्थिति को देखते हुए अनुमान लगाया जा सकता है कि ये भारी जीवट रखने वाले बाग़ी, जो इधर-उधर बाक़ी बच गए हैं और शहरों तथा गाँवों में लोगों के प्रति जो दुर्व्यवहार कर रहे होंगे, राहगीरों को सता रहे होंगे, बहुत जल्द उनके कुकर्म समाप्त हो जाएँगे और सारा देश अंग्रेज़ हाकिमों के झंडे के नीचे आ जाएगा।

13 जून को रविवार के दिन नगर के हाकिम ने शाम के समय बहादुर जंग ख़ाँ को, जो क़िले में नज़रबन्द थे, अपने पास बुलाया और वे बड़ी उम्मीद के साथ उसके पास गए। उन्हें जान बख़्शी गई और एक हज़ार रुपया भत्ता दिए जाने का शुभ समाचार सुनाया गया। साथ ही यह भी कहा गया कि वे लाहौर चले जाएँ, जहाँ वे स्वतन्त्रतापूर्वक जीवन व्यतीत कर सकते हैं। परन्तु उन्हें उसी शहर में निवास करना होगा। अब वे अपने वैभव एवं धन-सम्पत्ति के दुखों से मुक्त होकर स्वतन्त्र हो जाएँ और अपनी इस स्वतंत्रता पर प्रसन्न हों तथा निश्चिन्त रहें।

दिनाधिपति सूर्य, जिसका सिर हर रोज़ भाले पर घुमाया जाता है, अभी पूरबी क्षितिज से ऊपर उठ रहा था, कि जून के बीते हुए

दिनों की संख्या के बराबर बिजली जैसी गर्जना करने वाली तोपों की आवाज़ सुनाई पड़ने लगी, जिसने मित्रों के हृदय को आनन्दित कर दिया और शत्रुओं के मुँह पर अग्नि से भी अधिक ज्वलनशील राख छिड़क दी। ग्वालियर नगर के विजित होने तथा उसके शक्तिशाली क़िले (जो कि धरती का हृदय तथा पहाड़ का सीना हैं।) पर फहराती हुई इंग्लिश पताका ख़ुदा के दरबार से बाग़ियों की मृत्यु का समाचार ले आई। इस अतिशुभ समाचार से हाकिमों तथा शासकों की आशाओं के दीप जल उठे।

इसकी कहानी कुछ प्रकार है, कि बाग़ियों ने सर्वप्रथम ग्वालियर पर अधिकार जमा लिया। वहाँ के राजा जियाजी राव अपनी सत्ता और नगर दोनों को छोड़कर अंग्रेज़ों के पास आए और उनसे सहायता माँगी। अंग्रेज़ों से फ़ौजी सहायता लेकर वे अपने वतन की ओर गए और विजय प्राप्त की। बाग़ियों ने भागना चाहा, पर वे भाग न पाए।

इस घटना से प्रतीत होता है कि इन भटके हुए बाग़ियों का अन्त यही होगा कि वे अपनी दुर्दशा के साथ इधर-उधर लूटमार करते फिरेंगे और जगह-जगह पर अपनी हीनता के साथ मारे जाएँगे। जंगलों में घूमने वाले इनके घोड़ों को बिना दाना-पानी मैदानों में धराशायी देखोगे तथा इनके गुटों की धन-सम्पत्ति को मार्गों में बिखरा हुआ पाओगे। फिर हिन्दुस्तान अत्याचारों से खाली हो जाएगा। जंगल का हर किनारा बाग़ की भाँति हरा हो उठेगा। हर रास्ते पर बाज़ार जैसी चमक-दमक छा जाएगी।

लेखक की आयु के 63 वर्ष बीत चुके हैं। इन भाँति-भाँति की विपत्तियों से ऐसा प्रतीत होता है कि संसार से अब और अधिक जीवन की आशा व्यर्थ है। मैं निस्सहाय, केवल शेख़ सादी (फ़ारसी का महान कवि, ईश्वर उसकी आत्मा को शान्ति दे!) की पक्तियों को दुहराता हूँ। जिस प्रकार एक दुखी मनुष्य दूसरे दुखी मनुष्य से सीख लेता है, ठीक उसी प्रकार अगर मैं इन पंक्तियों को पढ़कर

अपने आपको प्रसन्न नहीं कर सकता हूँ तो कम-से-कम दुखों के इस जाल से अपने आपको मुक्त तो कर ही सकता हूँ :

अफ़सोस, हमारी मृत्यु के बाद
इस संसार में बार-बार वसन्त ऋतु आएगी
और फूल खिलेंगे।
तीरदय[14] *तथा अर्दबहिश्त*[15] *के महीने बार-बार आएँगे*
लेकिन तब तक हम क़ब्र की मिट्टी में मिल जाएँगे।

वास्तविकता को छिपाना आज़ादख़यालों का काम नहीं। मैं अधूरे मुसलमानों के संस्कारों तथा धार्मिक बन्धनों से मुक्त हूँ। यही नहीं, मैं तो अपनी बदनामी के दुख से भी मुक्त हूँ।

सदा से मेरी यही आदत रही है कि रात के समय सिवाय विलायती शराब के और कुछ नहीं पीता था। और जब नहीं पाता तो मुझे नींद नहीं आती थी। आजकल अंग्रेज़ी शराब शहर में बहुत महँगी है और मेरे पास पैसा नहीं है। यदि ईश्वर से प्रेम करने वाला, दूसरों पर लुटाने वाला, समुद्र जैसा हृदय रखने वाला महेशदास देशी शराब, जो रंग में विलायती शराब के बराबर और उससे अधिक सुगन्धित है, मेरे लिए भेजकर मेरे हृदय की आग को ठंडा न करता तो मैं जीवित न रहता। मैं इसी प्यास से मृत्युलोक को सिधार जाता।

बहुत समय से मेरी इच्छा थी कि मुझे असली शराब मिल जाए, मेरी मनोकामना पूरी हो जाए और एक-दो प्याले मेरे होंठों तक पहुँच जाएँ...ज्ञानी महेशदास ने मुझे वह अमृत उपलब्ध करा दिया, जिसे सिकन्दर ने अपने लिए खोजा था।

मैं यह बात कहे बिना नहीं रह सकता कि इस भले स्वभाव के व्यक्ति महेशदास ने नगर में मुसलमानों को बसाने के लिए कोई कसर नहीं उठा रखी थी। चूँकि ख़ुदा की मर्जी नहीं थी, इसलिए वे अपने प्रयत्नों में असफल रहे। यह बात सभी जानते हैं कि दिल्ली शहर में हिन्दुओं का स्वतन्त्रता के साथ रहना दयावान हाकिमों की

प्रेम-भावना के कारण ही सम्भव हुआ है। अर्थात् इस भले स्वभाव वाले महेशदास का ही इसमें हाथ रहा है। संक्षेप में यह, कि वह एक भाग्यशाली व्यक्ति है। लोगों के साथ भलाई करता है और सुखपूर्वक अपनी दिनचर्या निबाहता है। यद्यपि मेरी उसकी पुरानी जान-पहचान नहीं है, पर कभी भेंटवार्ता हो जाती है। कभी-कभी वह कोई उपहार भेजकर मुझे कृतज्ञ करता है। फिर भी वह मेरा एक घनिष्ठ साथी है।

मेरे अन्य सम्बन्धियों तथा शिष्यों में से एक हीरासिंह है जो एक प्रतिष्ठित युवक और सम्बन्धों को ध्यान में रखने वाला व्यक्ति है। वह मेरे पास बराबर आता है और मेरे दुखों में कमी करता है। इस आधे आबाद आधे वीरान नगर के लोगों में शिवजी राम एक कुलीन ब्राह्मण है। यह एक बुद्धिमान युवक है जो मुझे अपने बेटे की तरह प्रिय है। मुझ जैसे दुखी जोगी को यह बहुत कम अकेला छोड़ता है। वह हर समय मेरी आज्ञा का पालन एवं कार्यों को सरलता से करने का प्रयत्न करता है। उसका लड़का बालमुकुन्द जो एक अच्छे आचरण वाला युवक है और अपने पिता की भाँति आज्ञा-पालक एवं चौकस है, सदैव दूसरों के दुख बाँटने में लगा रहता है।

मेरे दूर के मित्रों में आकाश के चन्द्रमा की भाँति प्रेममय हरगोपाल तफ्तः भी हैं, जो मेरे पुराने साथी हैं और इसी कारण वे मुझे अपना गुरु भी कहते हैं। उनकी सब कविताएँ ईश्वर की देन लगती हैं जो मुझे भी प्रिय हैं। उनकी कविताओं पर मुझे गर्व है। संक्षेप में यह कह सकता हूँ कि वे एक सज्जन व्यक्ति हैं। सिर से पैर तक प्रेम एवं मित्रता की भावना से पूर्ण हैं। उनकी कविताओं ने ही उन्हें ख्याति प्रदान की है और उन्हीं के कारण कविता-पाठ के हंगामे रहा करते हैं। मैंने अत्यन्त प्रेम-भावना से उनको अपनी आत्मा का अंग समझ लिया है और उन्हें 'मिर्ज़ा तफ्तः' की उपाधि दी है। उन्होंने मेरठ से एक हुंडी मेरे नाम भेजी है। साथ ही वह अपनी

ग़ज़लें तथा अपने पत्र बराबर भेजते रहते हैं।

ये बातें, जिनका लिखना आवश्यक नहीं था, केवल इसलिए लिख दीं ताकि उनकी मित्रता एवं स्नेह का धन्यवाद कर दूँ। साथ ही इस कारण भी, कि जब यह कहानी मित्रों के बीच दुहराई जाए तो वे समझ लें कि नगर मुसलमानों से ख़ाली हो गया है। रातों को उनके घरों में दीये नहीं जलते और दिन में उनके घरों के झरोखों से धुएँ निकलते हैं। ग़ालिब एक ऐसा व्यक्ति था, नगर में जिसके हज़ारों मित्र थे। हर घर में उसके साथी एवं जानने वाले उपलब्ध थे। परन्तु अब इस अकेलेपन में क़लम के सिवाय उसका कोई सम्भाषी नहीं है और अपनी परछाईं के अतिरिक्त कोई सम्बन्धी नहीं है।

अब मेरी दशा ऐसी है कि मेरे मुख पर
उस समय तक तेज़ नहीं आता
जब तक कि मैं अपने मुखड़े को अश्रुओं से भिगो न लूँ
मेरे शरीर में दुख एवं पीड़ा ने
आत्मा एवं हृदय का स्थान ग्रहण कर लिया है
मेरे बिस्तर का ताना-बाना काँटों से भर गया है।

अगर इस नगर में ये चारों व्यक्ति न होते तो कोई मेरी कठिनाइयों का गवाह न होता। आकाश के चक्रव्यूह पर ईर्ष्या होती है कि इस लूटमार में, जबकि नगर के किसी घर में मिट्टी तक नहीं बची, यद्यपि मेरा घर लूटमार से बच गया, फिर भी मैं सौगन्ध खाकर कहता हूँ कि मेरे घर में बिस्तर और कपड़ों के अतिरिक्त कुछ बाक़ी नहीं बचा। इस गम्भीर समस्या और झूठे सच की वास्तविकता यह है कि जिस समय कालों ने (बाग़ियों ने) नगर पर अधिकार प्राप्त किया, बेगम ने मुझसे कहे बिना बहुमूल्य वस्तुएँ एवं आभूषण इत्यादि, अर्थात् जो कुछ भी था, चुपके से काले साहब पीरज़ादा के यहाँ भेज दिया। उसे वहाँ भूगर्भ में छिपा दिया गया और दरवाज़ा मिटटी से पाट दिया गया।

दस्तंबू

जब विजेता अंग्रेज़ों ने नगर पर प्रभुत्व स्थापित किया और सिपाहियों को लूटमार की आज्ञा मिल गई तब मेरी पत्नी ने यह भेद मुझे बताया। समय निकल चुका था। वहाँ तक जाने और सामान लाने की कोई व्यवस्था नहीं थी। मैं शान्त हो गया और मन को समझा लिया कि ये वस्तुएँ जाने वाली ही थीं। अच्छा हुआ कि ये वस्तुएँ मेरे घर से नहीं गईं।

अब यह जुलाई का पन्द्रहवाँ महीना है। पुरानी पेंशन, जो अंग्रेज़ी सरकार से मिलती थी, उसके मिलने का कोई साधन नहीं निकला। बिस्तर और कपड़े बेच-बेचकर जीवन व्यतीत कर रहा हूँ। मानो दूसरे लोग रोटी खाते हैं और मैं कपड़े खाता हूँ। डरता हूँ कि जब सारे कपड़े खा लूँगा तो एक समय वह भी आएगा जब नग्न अवस्था में भूख से मर जाऊँगा।

इस अशान्त वातावरण में पुराने नौकरों में से दो-तीन नौकर मेरे पास से नहीं गए। उनका भी पालन-पोषण करना है। सच्ची बात तो यह है कि मनुष्य, मनुष्य के बिना नहीं रह सकता। नौकर के बिना कोई काम नहीं हो सकता। इन नौकरों के अतिरिक्त दूसरे अभिलाषी जन जो सदैव मुझसे कुछ-न-कुछ लाभ उठाते रहे हैं, इस बुरे समय में भी मुर्ग़े की भाँति असमय ही हृदय विदारक आवाज़ निकालकर...मेरी आत्मा को दुखी करते हैं और मुझे कष्ट पहुँचाते हैं।

अब जबकि शारीरिक कष्टों के दबाव एवं मानसिक कठिनाइयों के बोझ ने मेरे शरीर और मेरी आत्मा को नष्ट कर दिया है, अचानक मन में विचार आया कि इस खिलौने की साज-सज्जा में कहाँ तक व्यस्त रहूँ? निश्चय ही इस असमंजस का अन्त या तो मृत्यु है या फिर भीख माँगना। एक दृष्टि से इसके अतिरिक्त और कुछ नहीं होगा कि यह कहानी सदैव के लिए अपने निष्कर्ष से वंचित रहे और पाठकों के मन को पीड़ित करे। दूसरे दृष्टिकोण से यह बात खुलकर लोगों के सम्मुख आएगी कि मैं कुछ गलियों से

दुत्कार दिया गया और कुछ दरवाज़ों पर भीख लेने में सफल रहा। बात कहाँ तक दुहराई जा सकती है और अपने आपको कहाँ तक नीचा दिखाया जा सकता है? बाक़ी पेंशन अगर मिल भी गई तो मन के दर्पण से दुखों की धूल साफ़ न हो सकेगी। और यदि पेंशन न मिली तो दूसरों का उधार चुकता न होगा। ऐसे में शीशा पत्थर से टकराकर चकनाचूर हो जाएगा। सबसे दुखद बात तो यह है कि दोनों ही प्रकार से दिल्ली नगर से भागना होगा और किसी अन्य नगर में निवास करना होगा। क्योंकि दिल्ली की जलवायु पीड़ित लोगों को भाती नहीं।

पिछले साल मई के महीने से लेकर जुलाई, सन् 1858 तक की रिपोर्ट मैंने लिखी है। पहली अगस्त से क़लम रोक लिया है। काश मेरी ये तीन इच्छाएँ अर्थात् पदवी, वस्त्र-आभूषण और पेंशन के जारी होने की अनुमति भाग्यवान हाकिम की ओर से पूरी हो जाएँ, जिनके विषय में मैंने इस रचना में भी बहुत कुछ लिखा है। मेरी आँखें और मेरा मन उन्हीं की ओर लगा हुआ है।

सन्दर्भ

1. अरब की एक घटना। क़ुरआन की एक आयत की ओर संकेत–अलम यजअलक़ैदहुम फ़ीतदलीलिवँ व अर्सलाअलैहिम तैरन् अबाबील (सूर: अल फ़ील–सं.)
2. एक नास्तिक बादशाह
3. सिकंदर
4. एक इतिहास-प्रसिद्ध वीर
5. प्रशंसागान
6. ईरान का एक शासक, जसने जहाक जैसे अत्याचारी शासक का अन्त किया था।
7. ईरान का एक प्रसिद्ध शाइर
8. गुप्त भाषा-प्रयोग हेतु अरबी के अक्षरों की भिन्न-भिन्न संख्या निर्धारित

है और 'अबजद हव्वज़ हुत्ती कलेमन...' आदि उसके सूत्र हैं। बिस्मिल्लाहिर्रहमानिर्रहीम के लिए 786 की संख्या इसी सूत्र पर आधारित है। (सं.)

9. मंगल ग्रह
10. एक प्रकार का ऊँचा ईरानी वृक्ष
11. यदि 17 मार्च को बुधवार है तो 18 मार्च को बृहस्पतिवार होना चाहिए, पर शुक्रवार शायद इसलिए कहा है कि सूर्यास्त के बाद तिथि बदल जाती है–ऐसी मान्यता है।
12. पोलो
13. जब दिन-रात बराबर होते हों।
14. ईरानी महीनों के पुराने नाम
15. वही

दस्तंबू के प्रकाशन से सम्बन्धित ग़ालिब के पत्र

मुंशी हरगोपाल 'तफ़्तः' के नाम

1

17 अगस्त, 1858 ई.

मिर्ज़ा तफ़्तः

तुम्हारे औराक़े-मसनवी का पम्पलेट पाकिट परसों 15 अगस्त को और जनाब मिर्ज़ा हातिम अली साहब की नस्त्र शायद आग़ाज़े अगस्त में रवाना कर चुका हूँ। उस नस्त्र की रसीद नहीं पाई और नहीं मालूम हुआ के मेरी ख़िदमत मख़दूम[1] के मकबूले तबा हुई या नहीं। नहीं मालूम भाई नबी बख़्श-साहब कहाँ हैं और किस तरह हैं और किस ख़याल में हैं। नहीं मालूम मौलवी क़मरुद्दीन ख़ाँ इलाहाबाद आ गए या नहीं? अगर नहीं आए तो वे वहाँ क्यों मुतवक़्क़िफ़[2] हैं? मीर मुंशी क़दीम वहाँ पहुँच गए? अपना काम करने लगे? ये क्या कर रहे हैं? आपको बताक़ीद लिखता हूँ के इन तीनों बातों का जवाब अलग-अलग लिखिए और जल्द लिखिए, इस ख़त के पहुँचने तक अग़लब[3] है के पार्सल पहुँच जाए। उसके पहुँचने की भी इत्तिला दीजिएगा। अब एक अम्र सुनो—मैंने आग़ाज़े याज़दहुम[4] मई सन् 1857 ई. से सी व एकुम[5] जुलाई, सन् 1858 ई. तक रूदादे[6] शहर और अपनी सरग़ुज़िश्त[7] याने पन्द्रह महीने का

हाल नस्त्र में लिखा है और इल्तेज़ाम इसका किया है कि 'दसातीर' की इबारत याने फ़ारसी क़दीम लिखी जाए और कोई लफ़्ज़ अरबी न आए। जो नज़्म उस नस्त्र में दर्ज है वो भी बेआमेज़िशे लफ़्ज़े अरबी है। हाँ, अशख़ास के नाम नहीं बदले जाते। वो अरबी, अंग्रेज़ी, हिन्दी जो है वो लिख दिए हैं। मसलन तुम्हारा नाम मुंशी हरगोपाल, 'मुंशी' लफ़्ज़ अरबी है, नहीं लिखा गया। इसकी जगह 'शेवा ज़बान' लिख दिया है। यही मेरा ख़त जैसा इस रुक़्के में है न छिदरा न गुंजान, औराक़े बेमिस्तर[8] पर इस तरह के किसी सफ़े में बीस सतर और किसी में बाईस सतर बल्के किसी में उन्नीस सतर भी आए, चालीस सफ़े याने बीस वर्क़ हैं। अगर इक्कीस सतर के मिस्तर से कोई गुंजान लिखे तो शायद दो जुज़्व में आ जाए। यहाँ मतबा[9] नहीं है। सुनता हूँ कि एक है, उसमें कापीनिगर[10] ख़ुशनवीस[11] नहीं है। अगर आगरे में इसका छापा हो सके तो मुझको इत्तिला करो। इस तिहीदस्ती[12] और बेनवाई में पच्चीस का मैं भी ख़रीदार हो सकता हूँ। लेकिन साहबे मतबा[13] इतने में क्यों मानेगा और अलबत्ता चाहिए के अगर हज़ार न हों तो पान सौ जिल्द तो छापी जाए। यक़ीन है के पाँच सौ-सात सौ जिल्द छापने की सूरत में तीन आने-चार आने क़ीमत पड़े। कापी तो एक ही होगी, रहा काग़ज़ वो भी बहुत न लगेगा। लिखाई मत्न की तो आपको मालूम हो गई, हाशिए पर अलबत्ता लुग़ात के माने लिखे जाएँगे। बहरहाल अगर, मुमकिन हो, तो इसका तकमिला करो और हिसाब मालूम करके मुझको लिखो। मगर मुंशी क़मरुद्दीन ख़ाँ आ गए हों तो उनको भी शरीक़े[14] मसलिहत कर लो। इन तीनों बातों का जवाब और पारसल की रसीद और इस मतलबे ख़ास का जवाब ये सब एक ख़त में पाऊँ ज़रूर, ज़रूर, ज़रूर!

निगाश्ता व खांदाश्ता से शंबा हफ़्त दहुम (मंगलवार, 17) अगस्त, सन् 1858 ई.।

जवाबतलब वास्ते ताक़ीद के बैरंग भेजा गया।

2

भाई,

तुम्हारा वो ख़त जिसमें औराक़े मसनवी[15] मलफ़ूफ़[16] थे, पहुँचा। औराक़े मसनवी औराक़े 'दस्तंबू' के साथ पहुँचेंगे। अब तुम्हारे मतालिब का जवाब जुदा-जुदा लिखता हूँ। अलग-अलग समझ लेना।

साहब, तुमने मिर्ज़ा हातिम अली साहब से क्यों कहा? बात इतनी थी के वो मुझको लिख भेजते के नस्र आई और मिर्ज़ा साहब ने पसन्द की। अब उनसे मेरा सलाम कहो और ये कहो कि आपके शुक्र बजा लाने का शुक्र बजा लाता हूँ। छापे के बाब में जो आपने लिखा वो मालूम हुआ। इस तहरीर को जब देखोगे तब जानोगे! एहतेमाम और उजलत[17] इसके छपवाने में इस वास्ते है कि इसमें से एक जिल्द नवाब गवर्नर जनरल बहादुर की नज़र[18] भेजूँगा, और एक जिल्द बज़रिए उनके जनाब मलिकाए[19] मुअज़्ज़म-ए-इंग्लिस्तान की नज़र करूँगा। अब समझ लो तर्ज़े तहरीर[20] क्या होगी और साहबाने मतबा को उसका इन्तबा[21] क्यों न मतबू होगा? जीते रहो, इस ग़मज़दगी में मुझको हँसाया! वो कौन मुल्ला था जिसने तुमको पढ़ाया–

गर्चे 'अमलकारे' ख़िरदमन्त नीस्त[22]

"अमलकार-अहलकार"?

ये शेर शेख़ सादी का बादशाह की नसीहत में है–

जुज़ ब ख़िरदमन्द मफ़रमा अमल।[23]

याने ख़िदमत[24] व आमाल सिवाय उलमा और उक़ला के और के तफ़ीज न कर फिर ख़ुदा कहता है–"गर्चे अमलकारे ख़िरदमन्द नीस्त"[25] याने 'अगरचे ख़िरदमन्द[26] का काम नहीं, और अक़्ल से बईद है के आदमी अपने को ख़तरे में डाले। 'अमल' अलग-अलग है और 'कार' मुज़ाफ़ है। बतरफ़ 'ख़िरदमन्द' के वर्ना दुहाई ख़ुदा

की! 'अमलकार', 'अहलकार' के माने पर नहीं आता, मगर 'क़तील' और 'वाक़िफ़' या और पूरब के मुल्कियों की फ़ारसी!

3

23 अगस्त, 1858

साहब,

अजब इत्तेफ़ाक़ है आज सुबह को एक ख़त तुमको और एक ख़त जागीर के गाँव की तहनियत में अपने शफ़ीक़[27] को डाक में भेज चुका था के दोपहर को रज़ीउद्दीन नैशापुरी का कलाम एक शख़्स बेचता हुआ लाया। मैं तो किताब को देख लेता हूँ, मोल नहीं लेता। कज़रा[28] जब मैंने उसको खोला, उसी वर्क़ में ये मतला निकला–

अगर ब गंजे गौहर मीनम उफ़्तात चे बाक
क़फ़े जबादे तुरा अज़ बराए आँ दारेम।[29]

चाहता था के तुमको लिखूँ के नागाह तुम्हारा ख़त आया; मुझको लिखना ज़रूर हुआ। आज तुम्हें दो ख़त भेजे हैं, एक तो सुबह को पोस्टपेड और एक अब। बारह पर तीन बजे, बैरंग। उस शेर को अब चाहे रहने दो। हाय-हाय! तुम भाई से मिले। 'ग़यासुल्लुग़ात' खुलवाई। जव्वाद का लुग़त[30] देखा। मगर मेरा ज़िक्र नहीं किया कि वो तुम्हारा जोयाये हाल है। 'दस्तंबू' और उसके छपे का ज़िक्र न किया...अलबत्ता अगर तुम ज़िक्र करते तो वे दोनों बाब में कुछ फ़रमाते और मुझको दुआ-सलाम कह देते। चूँकि तुमने अपने ख़त में कुछ नहीं लिखा इससे मालूम हुआ कि भाई ने कुछ नहीं कहा। अगर उन्होंने कुछ नहीं कहा तो उनका सितम और उनका कहा हुआ तुमने नहीं लिखा तो तुम्हारा करम। बहरहाल, ख़ूब मिसरा हाफ़िज़ का तुमने मुझको याद दिलाया है–

या रब मबाद कसरा मख़दूमे बेइनायत।[31]

ख़ाही तुम, ख़ाही मुंशी नबी बख़्श सल्लमाहुल्लाहो ताला, सल्लमाहुल्लाहो ताला, सल्लमाहुल्लाहो ताला[32] ये याद रहे, ये मिसरा अगर मुझ पर ज़ंजीर से बाँधोगे तब भी नहीं बँधेगा। अगर 'दस्तंबू' को सरासर ग़ौर से देखोगे तो अपना नाम पाओगे और ये भी जानोगे के वो तहरीर, तुम्हारी इस तहरीर से सौ बरस पहले की है।

आख़िरे रोज़े दोशम्बा, 23 अगस्त, 1858 ई.।

4

28 अगस्त, 1858 ई.

नूरे नज़र व लख़्ते जिगर मिर्ज़ा तफ़्तः

तुमको मालूम रहे कि रायसाहब मुकर्रम व मुअज़्ज़म राय उम्मीद सिंघ बहादुर ये रुक़्क़ा तुमको भेजेंगे। तुम इस रुक़्क़े को देखते ही उनके पास हाज़िर होना और जब तक वहाँ रहें तब तक हाज़िर हुआ करना और दस्तंबू के बाब में जो उनका हुक्म हो, बजा लाना। उनको पढ़ा भी देना और फ़ी जिल्द का हिसाब समझा देना। पचास जिल्द की क़ीमत इनायत करेंगे, ले लेना, जब किताब छप चुके, दस जिल्दें रायसाहब के पास इन्दौर भेज देना और चालीस बमुजिब उनके हुक्म के मेरे पास इरसाल करना, और वो जो मैंने पाँच जिल्द की आराइश[33] के बाब में तुमको लिखा है, उसका हाल मुझको ज़रूर लिखना।

हाँ साहब, एक रुबाई मेरे सह्व[34] से रह गई है, उस रुबाई को छापा होने से पहिले हाशिए पर लिख देना, जहाँ ये फ़िक़रा है—

नै नै अख़्तरे बख़्ते ख़ुसरो दर बलन्दी बजाए
रसीद के रुख़ अज़ खाकियाँ निहुफ़्त।
जाए के सितारा शूख़ चश्मी वरज़द
अफ़सर अफ़सारो गवज़न अरज़न अरज़द

ख़ुरशीद ज़े अन्देशए जा दर गर्दिश
बर चर्ख़ न बीनी के चेसाँ मी लरज़द[35]

चूँकि हाशिया माने लुग़ात से भरा हुआ है, तो तुम फ़िक़रे के आगे निशान बनाकर ऊपर के हाशिए पर रुबाई लिख देना और हाशिये यमीन[36] पर जहाँ माने लिखे हुए हैं वहाँ रुबाई के लुग़ात के माने ख़फ़ी[37] क़लम से लिख देना–अफ़सर, अफ़सार, गवज़ान[38] बहर दो फ़तह जादर गर्दिश।

निशाश्ता 28 अगस्त, सन् 1858 ई.।

5

1 सितम्बर, 1858

साहब,

अजब तमाशा है। तुम्हारे कहे से मुंशी शिवनारायन साहब को ख़त लिखा था, जो कल उनका ख़त आया और उन्होंने दस्तंबू की रसीद लिखी। डाक का हरकारा तो उनके पास ले न गया, आख़िर तुम्हीं ने भेजा होगा। ये क्या के तुमने मुझको उसकी रसीद और मेरे ख़त का जवाब न लिखा? अगर ये गुमान किया जाए के तुमने राय उम्मीदसिंघ की मुलाक़ात हो लेने पर ख़त का लिखना मुनहसिर रखा है तो वो भी हो चुकी होगी। मुझे तो सूरत ऐसी नज़र आती है के गोया हम अलग हो गए हों। किताब मतबे के हवाले कर दी। अब उसकी तजईन व तसहीह से कुछ ग़रज़ नहीं। पस, अगर यों है तो मैं इस इन्तबा से दर गुज़रा। सैकड़ों मतालिब व मक़ासिद रह जाएँगे। और फिर इस वहशत की वजह क्या? अगर कहा जाए के वहशत नहीं है तो उस किताब और मसनवी की रसीद न लिखने की वजह क्या? बतकल्लुफ़ क़यास चाहता है के तुम मुझसे ख़फ़ा हो गए हो। ख़ुदा के वास्ते ख़फ़गी की वजह लिखो। सुबह को मैंने ये ख़त रवाना किया है, बुध का दिन सितम्बर की पहली तारीख़। अगर शाम

तक तुम्हारा ख़त आया तो खै़र वर्ना तुम्हारी रंजिश का बिल्कुल यक़ीन हो जाएगा और बसबब वजह न मालूम होने के जी घबराएगा। मैं तो अपने नज़दीक कोई सबब ऐसा नहीं पाता। ख़ुदा के वास्ते, ख़फ़गी की वजह लिखो। अगर ख़फ़ा हो, तो ख़फ़गी का सबब लिखो।

जानता हूँ के तुम राय उम्मीदसिंघ से भी न मिले होगे। अयाज़न-बिल्लाह[39]! मैं उनसे शर्मिन्दा रहा के मैंने कहा था के हाँ मिर्ज़ा तफ़्त: 'दस्तंबू' तुमको अच्छी तरह पढ़ा देंगे। अगर चे ऐसे हाल में के मुझको तुम पर अलग होने और पहलूतिही करने का गुमान गुज़रा है, कोई मतलब तुमको लिखना न चाहिए, मगर ज़रूरत को क्या करूँ? नाचार लिखता हूँ। साहबे मतबा ने खत के लिफ़ाफ़े पर लिखा है–

''मिर्ज़ा नौशा साहब ग़ालिब''

लिल्लाह[40]! ग़ौर करो के ये कितना बेजोड़ ज़ुमला है। डरता हूँ के कहीं सफ़-ए-अव्वले-किताब[41] पर भी न लिख दें। आया फ़ारसी का दीवान या उर्दू या 'पंज आहंग' या 'मेहरे नीम रोज़' छापे की ये कोई किताब उस शहर में नहीं पहुँची, जो वो मेरा नाम लिख देते? तुमने भी उनको मेरा नाम नहीं बताया, सिर्फ़ अपनी नफ़रत उर्फ़ से, वजह इस वावेला की नहीं है, बल्के सबब ये है के दिल्ली के हुक्काम को तो उर्फ़ मालूम है मगर कलकत्ते से विलायत तक याने वुज़रा के महकमे में और मलिके आलिया के हुज़ूर में कोई इस नालायक़ उर्फ़ को नहीं जानता। पस, अगर साहबे मतबा ने 'मिर्ज़ा नौशा साहब ग़ालिब' लिख दिया तो मैं ग़ारत हो गया; खोया गया। मेरी मेहनत रायगाँ गई! गोया किताब और की हो गई। लिखता हूँ और फिर सोचता हूँ के देखूँ तुम ये पयाम मतबे में पहुँचा देते हो या नहीं।

बुध का दिन, सितम्बर की पहली तारीख़ 1858 ई.।

6

3 सितम्बर, 1858

लिल्लाहिशुक्र। तुम्हारा ख़त आया और दिले सौदाज़दा[42] ने आराम पाया। तुम मेरा ख़त अच्छी तरह पढ़ा नहीं करते। मैंने हरगिज़ नहीं लिखा के ये इबारत दो जुज़्व में आ जाए। मैंने ये लिखा था कि इबारत इस क़दर है के दो जुज़्व में आ जाए; लेकिन मैं चाहता हूँ के हजम[43] ज़्यादा हो। बहरहाल इस नमूने की तक़्ती और हाशिया मतबूअ[44] है। लुग़ात के माने हाशिया पर चढ़े, उसकी रविश दिलावेज़[45] और तक़सीम[46] नज़रफ़रेब[47] हो। रुबाई हाशिए पर लिख दी, अच्छा किया। भाई मुंशी नबीबख़्श साहब से नस्र के दो फ़िक़रे ज़िस महल पर के उनको बताए हैं, ज़रूर लिखवा देना। मैंने जो तुमको 'मिर्ज़ाई' का ख़िताब दिया है, उन फ़िकरों में इसका इज़हार किया है।

बहुत ज़रूरी ये अम्र है, और मैं मुंशी शिवनारायन साहब को आज सुबह को लिख चुका हूँ। तीसरे सफ़ा के आख़िर या चौथे सफ़े के अव्वल ये जुमला है–

अगर दर दमे दीगर ब नहीबे मबाश बहम ज़नद।[48]
'नहीब' की जगह 'नवाए' बना देना।
''ब नवाए मबाश बहम ज़नद''

'नहीब' लफ़्ज़ अरबी है, अगर रह जाएगा तो लोग मुझ पर एतराज़ करेंगे। तेज़ चाकू की नोक से 'नहीब' का लफ़्ज़ छीला जाए और उसी जगह 'नवाय'[49] लिख दिया जाए।

राय उम्मीदसिंघ ने मुझ पर इनायत और मतबे की इआनत की। हक़ताला उनको इस कारसाज़ी और फ़क़ीर नवाज़ी का अर्ज़ दे। साहब कभी न कभी मेरा काम तुमसे आ पड़ा है, और फिर काम वैसा के जिसमें मेरी जान उलझी हुई है और मैंने उसको अपने बहुत से मतालिब के हुसूल का ज़रिया समझा है। ख़ुदा के वास्ते पहलूतिही

न करो और बदिल[50] तवज्जो फ़रमाओ। कापी का तसहीह[51] का ज़िम्मा भाई का हो गया है। जिल्दों की आरास्तगी का ज़िम्मा बरख़ुरदार अब्दुल लतीफ़ का कर दो। मेरी तरफ़ से दुआ कहो और कहो के मैं तुम्हारा बूढ़ा और मुफ़लिस[52] चचा हूँ, तसहीह भाई करें, और तज़ई[53] तुम करो। कहता हूँ, मगर नहीं जानता के तज़ईं क्यों कर किया चाहिए। सुनता हूँ के छापे की किताब के हर्फ़ों पर स्याही की क़लम फेर देते हैं, ताके हर्फ़ रौशन न हो जाएँ। स्याह क़लम के जदवल[54] भी खींची जाती है। फिर जिल्द भी पुरतकल्लुफ़[55] बन सकती है। भतीजे की दस्तकारी और सन्नाई[56] और होशियारी उनकी मेरे किस दिन काम आएगी?

मिर्ज़ा तुम बड़े बेदर्द हो। दिल्ली की तबाही पर तुमको रहम नहीं आता, बल्के तुम उसको आबाद जानते हो। यहाँ नैचाबन्द तो मयस्सर नहीं, सहाफ़[57] और नक़्क़ाश[58] कहाँ? शहर आबाद होता तो मैं आपको तकलीफ़ क्यों देता? यहीं सब दुरुस्ती मेरी आँखों के सामने हो जाती। क़िस्सा मुख़्तसर, ये इबारत मुंशी अब्दुल लतीफ़ को पढ़ा दो। मैं तो उनके बाप को अपना हक़ीक़ी भाई जानता हूँ। अगर वो मुझे अपना हक़ीक़ी[59] चचा जाने और मेरा काम करे तो क्या अजब है? दो रुपया फ़ी जिल्द, इससे ज़्यादा मक़दूर[60] नहीं। जब मुझको लिखोगे हुंडी भेज दूँगा। छः रुपए, आठ रुपये, दस रुपये, हद बारह रुपए। मियाँ को समझा देना, कमी की तरफ़ न गिरें। चीज़ अच्छी बने।

मुंशी शिवनारायन को समझा देन के ज़िनहार उर्फ़ न लिखें। नाम और तख़ल्लुस बस। अज्ज़ाए ख़िताबी[61] लिखना नामुनासिब, बल्के मुज़िर[62] है। मगर हाँ, नाम के बाद लफ़्ज़ 'बहादुर' का और 'बहादुर' के लफ़्ज़ के बाद तख़ल्लुस–

असदुल्लाह ख़ाँ बहादुर ग़ालिब

भाई, तुमने औराक़े मसनवी की रसीद न लिखी, कहीं वो पार्सल में से गिर तो न गए हों? किस लुत्फ़ से मेरे नाम की हक़ीक़त

बयान हुई है। औरों के छापने की मुमानियत ज़रूर है, मगर मैं उसकी इबारत क्या बताऊँ? साहबे मतबा इस अम्र को उर्दू में आख़िरे किताब[63] लिख दें। मुंशी जी से नस्त्र लिखवा लो। मुंशी अब्दुल लतीफ़ को ये ख़त पढ़ा दो। 'नहीब' की जगह 'नवाए' बना दो। साहबे मतबा को मेरा नाम बता दो। ख़ातमे पर मुमानियत का हुक्म साहबे मतबा से लिखवा दो। बरख़ुरदार अब्दुल लतीफ़ से मिक़दार रुपए की दरियाफ़्त करके मुझको लिख भेजो। अपनी मसनवी की रसीद लिखो। अपने बजानो-दिल मसर्रुफ़ होने का इक़रार करो। इन सब उमूर की मुझे ख़बर दो।

जुमा, सोयम[64] सितम्बर सन् 1858 ई. हंगामे नीमरोज़।

7

मिर्ज़ा तफ़्तः को दुआ पहुँचे।

दोनों फ़िकरे जिस महल[65] पर बताए हैं, हाशिए पर लिख दिए होंगे। 'नहीब' के लफ़्ज़ को छीलकर 'नवाए' बना दिया होगा। बरख़ुरदार मुंशी अब्दुल लतीफ़ को मेरा ख़त अपने नाम का लिखा, दिया होगा, उनकी सआदतमंदी से यक़ीन है मेरी इस्तमास[66] क़बूल करें और इधर मुतवज्जह हों। कापी लिखी जानी और छापा होना शुरू हो गया होगा। अगर पत्थर बड़ा है तो चाहिए आठ-आठ सफ़े, बल्के बारह-बारह सफ़े छापे जाएँ और किताब जल्द मुन्तबा हो जाए। भाई, मुंशी साहब की शफ़क़त[67] का हाल पूछना ज़रूरी नहीं; मुझ पर मेहरबान और हुस्नेकलाम[68] के क़द्रदाँ हैं। उसकी तसहीह में बेपरवाई करेंगे तो क्या मेरी तफ़जीह[69] के रवादार होंगे। भाई, तुमने भी और मुंशी शिवनरायन साहब ने भी लिखा। मैं एक इबारत लिखता हूँ, अगर पसन्द आए तो ख़ातमे किताब में छाप दो।

दस्तंबू

नामानिगार[70] ग़ालिबे ख़ाकसार का ये बयान है के ये जो मेरी सरग़ुज़िश्त की दास्तान है, इसको मैंने 'मतब-ए-मुफ़ीद-ए-ख़लायक'[71] में छपवाया है और मेरी राय में इसका ये क़ायदा क़रार पाया है के और साहबाने मतब जब तक मुझसे 'तलबे रुख़्सत' न करें अपने मतबा में इसके छापने पर जुरअत न करें।

इसके सिवा और अगर कोई तरह की तहरीर मंज़ूर हो तो मुंशी शिवनारायन साहब को इजाज़त है कि मेरी तरफ़ से छाप दें। ये सब बातें पहले भी लिख चुका हूँ। अब दो अम्र ज़रूरी-उल-इज़हार[72] थे, इस वास्ते ये ख़त लिखा है। एक तो उर्दू इबारत दूसरे ये के मेरे शफ़ीक़ सैयद मुकर्रम हुसैन साहब का ख़त मेरे नाम आया है और उन्होंने एक बात जवाब तलब लिखी है, उसका जवाब इसी ख़त में लिखता हूँ। तुमको चाहिए के उनसे कह दो, बल्के ये इबारत उनको दिखा दो–

"बन्दापरवर, नवाब अताउल्लाह ख़ाँ मेरे बड़े दोस्त और शफ़ीक़ हैं, उनके फ़र्जन्दे रशीद पीर ग़ुलाम अब्बास अलमुख़ातिब ब सैफ़ुद्दौला[73]। ये दोनों साहब सही व सालिम हैं। शहर से बाहर दो-चार कोस पर कोई गाँव है, वहाँ रहते हैं। शहर में अहले इस्लाम की आबादी का हुक्म नहीं और उनके मकानात कुर्क हैं, न ज़ब्त हो गए हैं न बागुज़ाश्त[74] का हुक्म है।

8

7 सितम्बर, 1858

मुशफ़िक़ मेरे, करमफ़रमा मेरे,

तुम्हारा ख़त और तीन-दो वर्क़े छापे के पहुँचे। शायद मेरे दिखाने के वास्ते भेजे गए हैं, वर्ना रस्म तो यूँ है के पहले सफ़े पर किताब का नाम और मुसन्निफ़[75] का नाम और मतबे का नाम

छापते हैं और दूसरे सफ़े पर लौह[76] स्याह क़लम से बनती है और किताब लिखी जाती है। इसका भी छापा इसी तरह होगा। ग़रज़ के तक्ती और शुमारे सुतूर और कापी का हुस्ने-ख़त और अल्फ़ाज़ की सेहत, सब मेरे पसन्द। सेहते अल्फ़ाज़ का क्या कहना है! वल्लाह बेमुबालिग़ा कहता हूँ अगर भाई मुंशी नबी बख़्श साहब बदिल मुतवज्जे हों तो अगर अहयानन[77] असल नुस्खे में सह्वे कातिब से ग़लती वाक़े हुई हो तो उसकी भी सही कर देंगे। तुम मेरी तरफ़ से उनको सलाम कहना बल्के ये ख़त दिखा देना। ख़ुदा करे अंजाम तक यही क़लम और यही ख़त और यही तर्जे तसहीह चली जाए। जदवल भी मतबू है। पहले सफ़े की लौह भी ख़ुदा चाहे तो दिलपसन्द और नज़रफ़रेब होगी। काग़ज़ के बाब में ये अर्ज़ है के फ़्रैंच काग़ज़ अच्छा है। जिल्दें जो नज़रे-हुक्काम हैं, वो इस काग़ज़ पर छापो। और ये बात के दो जिल्दें जो विलायत जाने वाली हैं वो एक काग़ज़ पर छापी जाएँ और बाक़ी शिवरामपुरी पर या नीले क़ाग़ज़ पर, ये तकल्लुफ़ महज़ है। यहाँ के हाकिमों ने क्या किया है के उनकी नज़र की किताबें अच्छे काग़ज़ पर न हों। मगर जो ऐसा ही सर्फ़ और खर्च जायद पड़ता हो तो खैर दो जिल्दें इस काग़ज़ पर और चार जिल्दें शिवरापुरी पर हों, बाक़ी जिल्दों में तुम्हें अख्तियार है। हाँ साहब, अगर हो सके तो कापी की स्याही ज़रा और स्याह और रख़्शिन्दा[78] हो और आख़िर तक रंग न बदले। आगे इससे मैंने बरखुरदार मुंशी अब्दुल लतीफ़ को लिखा था के उन छः किताबों की कुछ तजई[79] और आराइश की फ़िक्र करें। मालूम नहीं तुमने वो पयाम उनको पहुँचाया या नहीं। आप और मुंशी अब्दुल लतीफ़ और मिर्ज़ा हातिम अली साहब 'मेहर' बाहम सलाह करें और कोई बात ख़याल में आवे तो बेहतर, वर्ना उन छः नुस्खों की जिल्दें अंग्रेज़ी डेढ़-डेढ़, दो-दो रुपया की लागत की बनवा देना और उसका रुपया तैयारी से पहले मुझसे मँगवा लेना।

आँ के हमारा दर यक दम व नवीदे विशो पिदीद आ वरद अगर दर दमे दीगर ब नहीबे बहम ज़नद इला आख़रे ही।[80]

इसमें 'नहीब' का लफ़्ज़ कुछ मेरी सहल-अंगारी से और कुछ सह्वे कातिब से रह गया है। इसको तेज़ चाकू से छीलकर ब नवाए लिख देना। याने-

ब नवाए कबाश बहम ज़नद

ज़रूर ज़रूर इसका इन्तज़ार न कीजो के जब यहाँ छापा जाएगा तो बना देंगे। न असल किताब ग़लत रहे और न छापे में ग़लत हो। अगर अज्जाए असल मीर अमीर अली साहब कापी नवीस के पास हों, तो उनको या भाई नबी बख़्श साहब को ये रुक़्क़ा दिखाकर समझा देना और बनवा देना।

रोज़े सः शम्बा, हफ़्तुम सितम्बर, 1858 ई.।

9

16 सितम्बर, 1858 ई.

अच्छा, मेरे भाई, 'नहीब' वाले दो वर्क़ चार सौ हों, पान सौ हों, सब बदलवा डालना। काग़ज़ का जो नुक़सान हो वो मुझसे मँगवा लेना। इस लफ़्ज़ के रह जाने में सारी किताब निकम्मी हो जाएगी और मेरे कमाल को धब्बा लग जाएगा। ये लफ़्ज़ अरबी है, हरचन्द मसविदे में बना दिया था लेकिन कातिब की नज़र से रह गया।

लिखते हो के मिर्ज़ा साहब दो जिल्दें दुरुस्त करेंगे, ये तो सूरत और है, यानी मैं छः जिल्दें बारह रुपए की लागत में बकारसाज़ी[81] व हुरपरदाज़ी[82]-ए-बरखुरदार मुंशी अब्दुल लतीफ़ चाही थीं, मुन्तज़िर[83] था के अब उनका क़ुबूल करना मुझको लिखोगे और रुपया मुझसे मँगवाओगे। ज़ाहिरा अब्दुल लतीफ़ ने पहलूतिही (जान छुड़ाना) की। मिर्ज़ा साहब अगर कफ़ील हुए थे तो छः जिल्दें बनवाते, न के

दो। अलबत्ता इस एहतमाल की गुंजाइश है के दो पुरतकल्लुफ़ और चार बनिस्बत[84] उसके कुछ कम। अगर यों हैं तो ये मुद्दआ-ए-दिली[85] मेरा है, मगर इत्तिला ज़रूरी है।

राय उम्मीदसिंघ के नाम का खत़ बएहतियात रहने दो। जब वो आएँ उनको दे दो। ये जो तुम लिखते हो के 'नहीब' का लफ़्ज़ लिख दिया गया था, इससे मालूम होता है कि छापा शुरू होकर दूर तक पहुँच गया। क्या अजब है के किताबें जल्द मुन्तबा हो जाएँ।

हमारे मुंशी शिवनारायन साहब अपने मतबः के अख़बार में इस किताब के छापे का इश्तहार क्यों नहीं छापते, ताके दरख़ास्तें ख़रीदारों की फ़राहम हो जाएँ। मिर्ज़ा तफ़्तः सुनो–इन दिनों में मेरे मुहसिन हकीम अहसनुल्लाह ख़ाँ आफ़ताबे आलमताब के ख़रीदार हुए हैं और मैंने बमुजिब उनके कहने के बिरादरे दीनीं मौलाना 'मेहर' को लिखा है। हज़रत ने ला[86] वा (अथवा) हाँ जवाब में नहीं लिखा। तुम उनसे कहो के वो सितम्बर सन् 1858 ई. में ख़रीदार हैं। आज 16 सितम्बर है। दो लम्बर अख़बार के, हकीम साहब के नाम का सरनामा, खानचंद के कूचे का पता लिखकर रवाना करें। आइन्दा हफ़्ता-बहफ़्ता भेजे जाएँ और हकीम अहसनुल्लाह ख़ाँ का नाम ख़रीदारों में लिख लें। दूसरे अख़बार मज़कूर[87] में एक सफ़ा डेढ़ सफ़ा 'बादशाहे देहली' के अख़बार का होता है। जिस दिन से वो अख़बार शुरू हुआ है उस दिन से सिर्फ़ 'अख़बारे शाही' का सफ़ा नक़ल करके इरसाल करें। कातिब की उजरत[88] और काग़ज़ की क़ीमत यहाँ भेज दी जाएगी। भाई, तुम मिर्ज़ा साहब से इसको कहकर जवाब लो और मुझको इत्तिला दो। 'नहीब' के नहीब से मरा जाता हूँ। उसकी दुरुस्ती की ख़बर भेजो। बाक़ी जो छापे के हालात हों उसकी आगही ज़रूर है।

पंज शंबा 16 सितम्बर सन् 1858 ई.।

10

17 सितम्बर, 1858 ई.

भाई,

मुझमें तुममें नामानिगारी[89] काहे को है, मुकालमा[90] है। आज सुबह को एक ख़त भेज चुका हूँ। अब इस वक़्त तुम्हारा ख़त और आया। सुनो साहब, लफ़्ज़े-मुबारक[91], मीम, हे, मीम, दाल–इसके हर हर्फ़ पर मेरी जान निसार है। मगर चूँके यहाँ से विलायत तक हुक्काम के हाँ से ये लफ़्ज़ याने 'मुहम्मद असदुल्लाह ख़ाँ' नहीं लिखा जाता, मैंने भी मौक़ूफ़[92] कर दिया है। रहा 'मिर्ज़ा' व 'मौलाना' व 'नवाब' इसमें तुमको और भाई को अख़्तियार है, जो चाहो सो लिखो। भाई को कहना, उनके ख़त का जवाब सुबह को रवाना कर चुका हूँ।

मिर्ज़ा तफ्त: अब तर्ज़ने[93] जिल्दहाय किताब के बाब में बिरादरज़ादे सआदतमंद को तकलीफ़ न दो। मौलाना मेहर को अख़्तियार है, जो चाहें सो करें।

ख़त तमाम करके ख़याल में आया के वो जो मिर्ज़ा साहब से मुझको मतलूब[94] है, तुम पर भी ज़ाहिर करूँ साहब। वहाँ एक अख़बार मौसूम[95] ब 'आफ़ताबे आलमताब' निकलता है उसके मुहतमिम[96] ने इल्तेज़ाम किया है के एक सफ़ा या डेढ़ सफ़ा बादशाह देहली के हालात का लिखता है। नहीं मालूम, आग़ाज़ किस महीने से है। सो हकीम अहसनुल्लाह ख़ाँ ये चाहते हैं के जो साबिक औराक़ हैं, जब से हों, वो जो छापेखाने में मसविदे रहते हैं, उनकी नक़ल किसी कातिब से लिखवाकर यहाँ भेजी जाए। उजरत जो लिखी जाएगी वो भेजी जाएगी। और इब्तदाए 1858 से उनका नाम ख़रीदारों में लिखा जाए। दो हफ़्ते के दो लंबर उनको एक लिफ़ाफ़े में भेज दिए जाएँ और फिर हर महीने हफ़्ता-दर-हफ़्ता उनको लिफ़ाफ़ा अख़बार का पहुँचा करे। ये मरातिब जनाब मिर्ज़ा हातिमअली साहब

को लिख चुका हूँ और अब तक आसारे क़ुबूल[97] ज़ाहिर नहीं हुए। न लिफ़ाफ़े हकीम साहब के पास पहुँचे, न उन सफ़ात[98] की नक़ल मेरे पास आई। आपको इसमें सई[99] ज़रूर है। और हाँ 'आफ़ताबे आलमताब' का मतबा तो कश्मीरी बाज़ार में है मगर आप मुझको लिखें के 'मुफ़ीदे ख़यालक' का मतबा कहाँ है। अजब है के इन साहबे शफ़ीक़ ने मेरी तहरीरात[100] का जवाब नहीं लिखा। फ़रमाइश हकीम अहसनुल्लाह ख़ाँ साहब की बहुत अहम है। इन्दल मुलाक़ात मेरा सलाम कहकर उसका जवाब बल्के वो अख़बार उनसे भिजवाओ। जुमा, 17 सितम्बर, 1858 ई.।

11

21 सितम्बर, 1858

भाई,

आज सुबह को बसबब हकीम साहब के तक़ाज़ा के शिकवा-आमेज़[101] जनाब मिर्ज़ा साहब की ख़िदमत में लिखकर भेजा। कल्यान ख़त डाक में डालकर आया ही था के डाक का हरकारा एक ख़त तुम्हारा और एक ख़त मिर्ज़ा साहब का लाया। अब क्या करूँ। ख़ैर चुप हो रहा। शिकवा मुहब्बत बढ़ाएगा। मिर्ज़ा साहब की इनायत का शुक्र बजा लाता हूँ। यक़ीन है के जिल्दें मेरी ख़ातिरख़्वाह बन जाएँगी। किस वास्ते के जो आज के ख़त में उन्होंने लिखा है वो बेऐनेही मेरा मकनूने ज़मीर[102] है। ख़ुदा उनको सलामत रखे। मेरा सलाम कह देना। उनके ख़त का जवाब कल परसों भेजूँगा।

राय उम्मीदसिंघ बहादुर ख़ूबाने रोज़गार में से हैं। फ़क़ीर का सलामे नियाज़ उनको कह देना। ख़ुदा करे उनके सामने किताबें छप चुकें। बारे जब वो ग्वालियर को तशरीफ़ ले जाएँ, तो मुझको

इत्तिला लिखना। 'नहीब' के 'नवाय' बन जाने से ख़ातिर जमा हो गई। भाई, मैं फ़ारसी का मुहक़्क़िक़[103]। कातिब उन अजज़ा का जिनकी रू से कापी लिखी जाती है, फ़ारसी का आलिम है। इल्म उसका ग़यासुद्दीन रामपुरी और हकीम मुहम्मद हुसैन दकनी से ज़्यादा है। तसहीह से ग़र्ज़ ये है के कापी सरासर मुआफ़िक़ उन औराक़ के हो न के ये के फ़रहंगों[104] में देखा जाए। आगे इससे तुमको भी और भाई को लिख चुका हूँ। अब सिर्फ़ उस तहरीर का इशारा लिखना मंजूर था। आज जिस तरह मुझको तुम्हारा और मिर्ज़ा साहब का ख़त पहुँचा, लाज़िम था के हकीम साहब को भी लिफ़ाफ़ा-ए-अख़बार पहुँच जाता। मगर इस वक़्त तक नहीं पहुँचा, और ये दोपहर का वक़्त है। ख़ैर, पहुँच जाएगा। मैंने तुम्हारा ख़त उनके पास भेज दिया था। उन्होंने तुम्हारी राय मंजूर की। अब तुम वो अख़बार, जिस तरह के तुमने लिखा है, उनके पास भेज दो और साहबे मतबा क़ीमते अख़बार और उजरते कातिब[105] उनको लिख भेजे, अपने नाम और मसकन से उनको इत्तला दे, बस। उसको अपने तौर पर रुपया भेज देंगे। हम तुम वास्ते शिनासाइये-हमदिगर[106] हो गए। हाँ, अगर अहयानन[107] रुपए के भेजने में देर होगी तो मैं कहकर भिजवा दूँगा। ये अलबत्ता मेरा ज़िम्मा है।

12

30 सितम्बर, 1858

साहब,

क़सीदे[108] के छापे जाने की बशारत[109] साहबे मतबा ने भी मुझको दी है। ख़ुदा उनको सलामत रखे। कल मिर्ज़ा साहब के ख़त में उनको एक मिसरा किसी उस्ताद का लिख चुका हूँ, मैं सरासर उनका ममनूने-अहसान[110] हूँ। मेरा सलाम कहना और

लिफ़ाफ़ा-ए-अख़बार के पहुँचने की इत्तिला देना। मेरे नाम का कोई लिफ़ाफ़ा ज़ाया नहीं जाता। ख़ुदा जाने इस पर क्या बिजोग पड़ा? ज़ाहिरा उन्होंने पोस्टपेड भेजा होगा। फिर पोस्टपेड ही क्यों तलफ़[111] हो?

'शीहाह' बमाने 'सदा-ए-अस्प'[112] लुग़त फ़ारसी है, बशीने मकसूर व याये मारूफ़ व हाय हव्वज़ मफ़तूह व हाय सानी ज़दा, और अरबी में उसको 'सहील' कहते हैं। फिर 'सीहा' कोई लुग़त नहीं है, अरबी न फ़ारसी। अगर 'ग़नीमत' के कलाम में मजमूआ (संग्रह) लिखा है तो कातिब की ग़लती है, 'ग़नीमत' का क्या गुनाह?

'बर ख़ुदअज़ रूए हिंदसा गाहे शुमार याफ़्त'[113]

असल मिसरा यों है। मैंने सह्व से, ख़ुदा जाने क्योंकर लिख दिया है। भाई, 'मेहर' ख़ाँ के दो माने हैं। एक तो ख़िताब के जो सलातीन[114] उमरा[115] को दें और दूसरे वो नाम जो लड़कों का प्यार से रखें, याने उर्फ़। हाशिए पर शौक़ से लिखवा दो। मगर तुमने देखा होगा कि इस इबारत से जो तुम्हारे ज़िक्र में है, पहले मेहर ख़ाँ के माने हाशिए पर चढ़ गए हैं। मुकर्रर[116] लिखने की हाजत क्या है? और अगर लिख भी दो तो क़बाहत क्या है? भाई साहब क्यों मुज़ायक़ा फ़रमाएँ। हाल औराक़ की तहरीर का मालूम हुआ। साहबाने कौन्सल की राय विलायते आगरा याने मेरे महकमे में मंज़ूर व मक़बूल। नाम मेरा जिस तरह चाहो लिख दो।

बनामे आँ के ऊ नामे नदारद
बहर नामे के ख़ानी सर बरारद[117]

शफ़ीक़े बित्तहक़ीक़ मौलाना 'मेहर' ज़र्रए बेमिक़दार का सलाम क़ुबूल करें। कल आपको ख़त लिख चुका हूँ। आज या कल पहुँच जाएगा। रात से एक बात और ख़याल में आई है, मगर चूँके तहक्कुम व कारअफ़जाई है, कहते हुए डरता हूँ। डरते-डरते अर्ज़ करता हूँ। बात ये है के दो जिल्दें तिलाई लौह की विलायत के

वास्ते तैयार होंगी, और वो चार जिल्दें यहाँ के हुक्काम के वास्ते दरकार होंगी, उनकी सूरत यही ठहरी है के स्याह क़लम और अंग्रेज़ी जिल्द। क्यों भाई साहब करारदाद और तजवीज़ यही है, और फिर समझना चाहिए के ये चार जिल्दें किस-किस की नज़र हैं। नवाब गवर्नर जनरल बहादुर, चीफ़ कमिश्नर बहादुर, साहब कमिश्नर बहादुर देहली, डिपुटी कमिश्नर बहादुर देहली। ये क्या मेरी बदवज़ई है के जनाब एडमिंस्टेन साहब की नज़र न भेजूँ! आख़िर गवर्नमेंट की नज़र उन्हीं की मार्फ़त भेजूँगा। ना साहब, एक जिल्द उनकी नज़्र बहुत ज़रूरी है। आप गुंजाइश निकालकर जैसी ये चार जिल्दें बनवाईं एक और भी ऐसी ही बनवा लें। यक़ीन है आप इस राय को पसन्द फ़रमाएँगे और चार की जगह पाँच बनवाएँगे। ये अर्ज़ मक़बूल[118] और ये गुस्ताख़ी के बार-बार आज़ार[119] देता हूँ, माफ़ हो।

भाई मिर्ज़ा तफ्त: कल के मिर्ज़ा साहब के ख़त में से उस माद्दए तारीख़[120] का क़ता लिख लेना। तुमको लिख चुका हूँ। एक क़ता मिर्ज़ा साहब का, एक क़ता तुम्हारा, बल्के एक क़ता मौलाना हक़ीर से भी लिखवाओ।

सुबह पंज शम्बा, सियम सितम्बर, सन् 1858 ई.।

13

16 अक्टूबर, 1858

क्यों साहब,

इसका क्या सबब है के बहुत दिन से हमारी आपकी मुलाक़ात नहीं हुई! न मिर्ज़ा साहब ही आए न मुंशी साहब ही तशरीफ़ लाए। हाँ, एक बार मुंशी शिवनारायन साहब ने करम किया था और ख़त में ये रक़म[121] किया था के अब एक फ़र्मा बाक़ी रहा है। इस राह से मैं

ये तसव्वुर कर रहा हूँ के अगर फ़र्मा नस्र का बाक़ी था तो अब क़सीदा छापा जाता होगा और अगर फ़र्मा क़सीदे का था तो अब जिल्दें बननी शुरू हो गई होंगी।

तुम समझे? मैं तुम्हारे और भाई मुंशी नबी बख़्श साहब और जनाब मिर्ज़ा हातिम अली साहब के ख़ुतूत के आने को तुम्हारा और उनका आना समझता हूँ। तहरीर गोया वो मकालमा है जो बाहम हुआ करता है। फिर तुम कहो मुकालमा क्यों मौक़ूफ़ है और अब क्या देर है और वहाँ क्या हो रहा है? भाई साहब को कापी की तसहीह से फ़राग़[122] हो गई? मिर्ज़ा साहब ने जिल्दें सह्हाफ़[123] को दे दीं? मैं अब उन किताबों का आना कब तक तसव्वुर करूँ? दसहरे में एक-दो दिन की तातील (छुट्टी) मुक़र्रर[124] हुई होगी। कहीं दिवाली की तातील तक नौबत न पहुँच जाए।

हाँ साहब, तुमने कभी कुछ हाल क़मरुद्दीन साहब का न लिखा। आगे इससे तुमने अगस्त-सितम्बर में उनका आगरे का आना लिखा। फिर वो अक्टूबर तक क्यों न आए? वहाँ तो मुंशी ग़ुलाम ग़ौस ख़ाँ साहब अपना काम बदस्तूर करते हैं, फिर ये उस दफ्तर में क्या कर रहे हैं? कहीं किसी और काम पर मुअय्यन[125] हो गए हैं? इसका हाल जल्द लिखो। मुझको याद पड़ता है कि तुमने लिखा था के मुंशी ग़ुलाम ग़ौस ख़ाँ साहब को एक गाँव जागीर में मिला है। मौलवी क़मरुद्दीन ख़ाँ साहब उसके बन्दोबस्त को आया चाहते हैं? उसका ज़हूर[126] क्यों न हुआ? इन सब बातों का जवाब जल्द लिखिए। जनाब मिर्ज़ा साहब को मेरा सलाम कहिए और ये पयाम कहिए के किताब का हुस्न कानों से सुना, दिल को देखने से ज़्यादा यक़ीन आया। मगर आँखों को रश्क़ है कानों पर और कान चश्मकज़नी[127] कर रहे हैं आँखों पर। ये इर्शाद हो के आँखों का हक़ आँखों को कब तक मिलेगा?

भाई साहब को बाद अज़ सलाम कहिएगा के हज़रत अपने मतलब की तो मुझको जल्दी नहीं है, आपकी तख़फ़ीफे-तसदी[128] चाहता हूँ। याने अगर कापी का क़िस्सा तमाम हो जाए तो आपको आराम हो जाए।

जनाब मुंशी शिवनारायन साहब की इनायतों का शुक्र मेरी ज़बानी अदा कीजिएगा। और ये कहिएगा के आपका ख़त पहुँचा, चूँके मेरे ख़त का जवाब था और लिहाज़ा कोई अम्र तलब न था इस वास्ते उसका जवाब नहीं लिखा। ज़्यादा, ज़्यादा।

निगाश्ता व रवाँ दाश्ताँ सुबह शंबा, 16 अक्टूबर सन् 1858 ई.।

14

3 नवम्बर सन् 1858

अल्लाह, अल्लाह! हम तो 'कोल' से तुम्हारे ख़त के आने के मुन्तज़िर थे। नागाह कल जो ख़त आया, मालूम हुआ के दो दिन 'कोल' में रहकर सिकन्दराबाद आ गए हो और वहाँ से तुमने ख़त लिखा है। देखिए, अब यहाँ कब तक रहो और आगरे तक जाओ। परसों बरख़ुरदार शिवनारायन का ख़त आया था। लिखते थे के किताबों की शीराज़ाबन्दी[129] हो रही है, अब क़रीब है के भेजी जाएँ। मिर्ज़ा मेहर भी एक हफ़्ता बताते हैं। देखिए, किस दिन किताबें आ जाएँ। ख़ुदा करे सब काम दिलख़ाह[130] बना हो।

हाँ साहब, मुंशी बालमुकन्द 'बेसब्र' के एक ख़त का जवाब हम पर क़र्ज़ है। मैं क्या करूँ? उस ख़त में उन्होंने अपना सैरो सफ़र में मसरूफ़ होना लिखा था। पस मैं उनके ख़त का जवाब कहाँ भेजता। अगर तुमसे मिलें तो मेरा सलाम कह देना। और मतब-ए-आगरा से किताबों का हाल तो तुम ख़ुद दरयाफ़्त कर ही लोगे। मेरे कहने और लिखने की क्या हाजत?

चहार शम्बा, सूयम नवम्बर सन् 1858।

15

13 नवम्बर, 1858

क्यों साहब,

क्या ये आईन[131] जारी हुआ है, के सिकन्दराबाद के रहने वाले दिल्ली के ख़ाकनशीनों[132] को ख़त न लिखें? भला अगर ये हुक्म होता तो यहाँ भी तो इश्तेहार हो जाता कि ज़िन्हार कोई ख़त सिकन्दराबाद से यहाँ की डाक में न जाए। बहरहाल–

कस वीशुनद या नीशुनद-गुफ़्तगू-ए-मी-कुनम[133]

कल जुमे के दिन 12 नवम्बर को तैंतीस जिल्दें भी भेजी हुई बरख़ुरदार शिवनारायन की पहुँचीं। काग़ज़, ख़त, तक़्ती, स्याही, छापा सब ख़ूब। दिल ख़ुश हुआ और शिवनारायन को दुआ दी। सात किताबें जो मिर्ज़ा हातिमअली साहब की तहवील[134] में हैं, वो भी यक़ीन है के आजकल में पहुँच जाएँ। मालूम नहीं मुंशी शिवनारायन ने इन्दौर को वास्ते राय उम्मीदसिंघ के किस तरह भेजी हैं या अभी नहीं भेजीं।

साहब, तुम इस ख़त का जवाब जल्द लिखो और अपने क़स्द का हाल लिखो।

सिकन्दराबाद कब तक रहोगे? आगरे कब जाओगे?

शम्बा, 13 नवम्बर सन् 1858 ई.।

जवाब तलब।

16

13 नवम्बर, 1858

भाई साहब,

33 किताबें भेजी हुई बरख़ुरदार मुंशी शिवनारायन की जुमे के दिन 12 नवम्बर को पहुँचीं, काग़ज़ और स्याही और ख़त का हुस्न

देखकर मैंने अज़-रूए-यक़ीन[135] जाना के तिलाई[136] काम पर ये किताबें ताऊसे[137] बहिश्त बन जाएँगी। हूरें इनको देखकर शरमाएँगी। ये तो सब दुरुस्त, मगर देखिए मुझको उनका देखना कब तक मयस्सर हो? आप पर गुमान तसाहुल का गुज़रे, ये तो क्योंकर हो? हाँ, सह्हाफ़ जिल्द के बनाने की निस्बत मेरे हक़ का जल्लाद न बन जाए; याने मुद्दते[138] मुनासिब से ज़्यादा देर न लगाए। और हाँ हज़रत, कुछ ऐसी पुख़्तगी इरसाल के वक़्त कर लीजिएगा के वो पारसल आशोबतलफ़[139] महफ़ूज़ रहे। बहुत अज़ीज़ और बहुत काम की चीज़ है, मुझको वो एक-एक मुहल्लद[140] अपनी जान से ज़्यादा अज़ीज़ है। या इलाही, ये ख़त राह में हो और सातों किताबों का पार्सल तेरे हिफ़्ज़ोअमान[141] में मुझ तक पहुँच जाएँ और ये न हो तो भला ये हो के इस ख़त का जवाब लिखिए, उसमें ये मरक़ूम हो के आज हमने किताबों का पार्सल रवाना किया है।

या रब ईं आरज़ू-ए-मन चे ख़ुशस्त
तू बदीं आरज़ू मरा बे रसाँ[142]

मुरस्सिला शंबा, 13 नवम्बर सन् 1858 ई.।

सन्दर्भ

1. सेव्य, सेवित
2. निवास किए हुए
3. सम्भव
4. ग्यारहवीं
5. 31
6. नगर का विवरण
7. आपबीती
8. पुराने समय में बिना सतर के काग़ज़ पर लिखने के लिए मिस्तर का प्रयोग करते थे। मिस्तर एक तरह का काग़ज होता था जिस पर सतरें खिंची होती थीं। मिस्तर को काग़ज़ के नीचे रख लिया जाता था जिससे पंक्ति सीधी आए। बेमिस्तर यानी मिस्तर रहित।

9. छापाखाना
10. लीथो पर छापने के लिए सुलेखक से पहले एक विशेष काग़ज़ पर लिखवाया जाता था, फिर उस काग़ज़ के अक्षर पत्थर पर आ जाते थे। इसीलिए लीथो प्रेस में कापीनिगार की आवश्यकता होती थी।
11. सुलेखक
12. ग़रीबी
13. छापाखाने का मालिक
14. मंत्रणा में सम्मिलित
15. कथात्मक काव्य के पृष्ठ
16. लिफ़ाफ़ाबन्द
17. जल्दी
18. भेंट
19. सम्राज्ञी
20. लिखने का ढंग
21. मुद्रण
22. बुद्धिमान आदमी किसी की नौकरी नहीं करता।
23. बुद्धिमान के अतिरिक्त किसी को काम न दीजिए।
24. सेवाएँ
25. कार्य करने वाले बुद्धिमान नहीं हैं।
26. बुद्धिमानों का
27. कृपालु
28. संयोगवश
29. यदि मोतियों के कोष की तरफ़ मेरी इच्छा हो तो इसमें कौन सी बात है? आपका उदार हाथ इसीलिए तो हमें उपलब्ध है।
30. शब्दकोश
31. हे ईश्वर, किसी को कृपाहीन स्वामी न मिले।
32. ईश्वर तुम्हें स्वस्थ रखे।
33. सजावट
34. ग़लती
35. नहीं-नहीं, बादशाह के भाग्य का नक्षत्र इतना ऊपर उठा कि शरीरधारियों से उसने अपना मुँह छिपा लिया। जहाँ नक्षत्र की चंचलता उत्पन्न होती है वहाँ मुकुट बागडोर का स्थान ग्रहण कर लेता है और बारहसिंगा मामूली अन्नकण के समान हो जाता है, तुम देखते नहीं हो कि सूर्य आकाश में अपने स्थान पर बने रहने के लिए भय से कैसा काँप रहा है।

36. पृष्ठ के दाईं ओर का हाशिया।
37. बारीक
38. दोनों को ज़बर देकर पढ़ना।
39. ईश्वर से शरण माँगता हूँ।
40. ईश्वर के लिए
41. प्रथम पृष्ठ
42. दुखी हृदय
43. मोटाई
44. मुद्रित
45. चित्ताकर्षक
46. विभाजन
47. दृष्टिरंजक
48. यदि दूसरे अवसर पर ईश्वर से 'मबाश' (बरबाद हो जाओ)कहते ही प्रलय हो जाती है।
49. आवाज़
50. हार्दिक
51. संशोधन (प्रूफ़)
52. दरिद्र
53. अलंकरण
54. पुस्तक अथवा चित्र का हाशिया
55. सुन्दर
56. कारीगरी
57. ज़िल्दसाज़
58. नक़्श करने वाला, चित्रकार
59. वास्तविक
60. सामर्थ्य
61. उपाधि के अंग
62. हानिकर
63. पुस्तक के अन्त में
64. तीसरी
65. समान
66. अनुरोध
67. कृपा

68. काव्य सौन्दर्य
69. बदनामी
70. पत्र-लेखक
71. 'मुफ़ीदे-ख़लायक' नामक मुद्रणालय
72. प्रकट करना आवश्यक
73. सैफ़ुद्दौला के नाम से सम्बोधित
74. जारी होने का
75. लेखक
76. सुलेखन
77. असावधानी से
78. चमकदार
79. अलंकरण
80. जो ईश्वर 'वशो' (हो जाओ) शब्द के उच्चारण के साथ संसार को उत्पन्न करता है और 'मबाश' (नाश हो) कहकर सब कुछ नष्ट कर देता है।
81. दक्षता
82. कारीगरी
83. प्रतीक्षा में
84. अपेक्षाकृत
85. मनोवांछा
86. नहीं
87. उपर्युक्त
88. मेहनताना
89. पत्र-लेखन
90. वार्तालाप
91. शुभ शब्द (हज़रत मुहम्मद)
92. हटा दिया
93. पूरी पुस्तक की जिल्द की सजावट
94. अपेक्षित
95. नामक
96. प्रबन्धक
97. स्वीकृति के लक्षण
98. पृष्ठों

99. प्रयत्न
100. मेरे द्वारा लिखित
101. उलहाना भरा
102. हृदयगत
103. शोध करने वाला
104. शब्दकोशों में
105. लिपिक का मेहनताना
106. पारस्परिक परिचय
107. असावधानीवश
108. प्रशंसात्मक कविता
109. शुभ समाचार
110. कृतज्ञ
111. नष्ट
112. घोड़े की आवाज़
113. यद्यपि वह संख्या के कारण गिनती में आया।
114. शासक
115. सामन्त
116. दुबारा
117. मैं उसके नाम से प्रारम्भ करता हूँ जिसका कोई नाम नहीं है, जिस नाम से उसे पुकारिए वह बोलता है।
118. स्वीकृत
119. कष्ट
120. तारीख़ से सम्बन्धित अंश
121. दर्ज
122. निवृत्ति, अवकाश
123. ज़िल्द बाँधने वाला
124. निश्चित
125. नियुक्त
126. प्रकट
127. कानाफूसी
128. समय की बचत
129. जिल्द बाँधने से पहले पृष्ठों को एकत्रित करने का कार्य।
130. यथेष्ट

131. नियम
132. अकिंचन लोगों को
133. कोई सुने या न सुने मैं बोले जाता हूँ।
134. अधिकार,
135. विचार, संकल्प
136. सुनहरा
137. स्वर्ग का सिंहासन
138. उचित अवधि
139. विनाश
140. सजिल्द
141. सुरक्षा
142. हे ईश्वर, यह मेरी इच्छा कितनी अच्छी है। तुम मेरी इस इच्छा को पूरा कर दो।

क्वीन विक्टोरिया की प्रशंसा में
लिखा गया क़सीदा

क़सीदा

वह रानी, कि चन्द्रमा जिसका मुकुट है, आकाश जिसका आसन है, जो जमशेद जैसी प्रतापी है, फरीदून जैसी तेजस्वी और काऊस जैसा स्थान रखने वाली है, उसके पास संजर जैसा दबदबा है और सिकन्दर जैसी महानता। वह ऐसी रानी है, कि रोम का राजा उसे धन्यवाद देता है, कि उसने उसके राजपाट की गरिमा को बचा लिया। रूस के शासक उसके सैन्यबल से काँपते हैं। सूर्य इस बात से थर-थर काँपता है कि यह संसार का झुलसना उसके क्रोध के कारण है और वह पूर्ण चन्द्रमा को तथा संसार को अपने प्रकाश से प्रज्वलित करता है। वह भी उसकी बराबरी पर आने से डरता है। उसका हर रात घट जाना इस बात का प्रतीक है।

वह शस्त्र कला एवं अन्य विद्याओं की ज्ञानी है। वह एक ऐसी शासक है जो दूसरों को शासक बनाती है और शासन प्रदान करती है। वह ज्ञान का भंडार, उभरता सूर्य एवं भले आचरण वाली है। वह न्याय के क्षेत्र के नौशेरवाँ से भी उच्च है। जमशीद अपने ज्ञान को इसीलिए सँभालकर रखता था ताकि वह नामधारी महारानी को प्रस्तुत कर सके। ख़ुसरो की ओर से हीरे-मोतियों का ख़ज़ाना बिना किसी कष्ट के रानी को उपहारस्वरूप मिला।

दस्तंबू

वह सिंहासन जिसे वायु अपने कन्धों पर उठाए रखती थी, अज्ञात आकाशदूत ने उसे भी उपहारस्वरूप रानी को भेंट किया। तुम नहीं देखते कि पहाड़ों में, पत्थरों के हृदय से रंग-बिरंगे मोती निकलते हैं। सूर्य को तो उसके मुकुट या ख़याल रहता है, वरना उसे मोतियों से क्या काम? यदि वह (महारानी विक्टोरिया) मोती लुटाने की चेष्टा करे और लुटा दे तो इतने अनगिनत मोती बिखर जाएँगे कि अगर उन्हें कोई गिनना चाहेगा तो उसकी उँगलियाँ घिस जाएँगी। उसकी सेना, जो लड़ाई के समय दरियाओं और पहाड़ों को भी तहस-नहस कर देती है--यदि ऐसा हो तो पहाड़ों में छिपे नाग और दरियाओं में छिपे मगरमच्छ सिर पटककर मर जाएँगे। उसकी साज-सज्जा का हाल यह है कि महान से महान राजा उसके भिखारी हैं। उसके प्रकाश और उसकी प्रज्वलता के कारण ही आकाश में सूर्य चमक रहा है तथा बादलों में बरसने की क्षमता विद्यमान है।

वह अपने व्यक्तिगत दान-दक्षिणा से ज्ञानियों की झोली भर देती है, साथ ही अन्य लोग, जो इन ज्ञानियों से शिक्षा पाते हैं, वे भी बुद्धिमत्ता से परिपूर्ण हो जाते हैं।

उसके व्यक्तित्व में जो दान प्रदान करने की भावना है उसे देखकर आश्चर्य होता है। इस महारानी का नाम विक्टोरिया है।

यदि मैंने महारानी के हाथ से कुछ दान प्राप्त कर लिया, तो मेरा इस संसार में रहना व्यर्थ न होगा।

जब बात यहाँ तक आ पहुँची तो मैंने मौन धारण कर लिया क्योंकि मैं कहानी कहना नहीं चाहता।

इस किताब के पूरे हो जाने के बाद इसका नाम 'दस्तंबू' रखा गया। यह किताब लोगों को बाँटी गई और इधर-उधर भेजी गई ताकि पढ़-लिखकर लोगों के मन को सन्तुष्टि मिले और लेखक इसकी लेखन-शैली पर मुग्ध हो सकें।

आशा है कि ज्ञान का यह ख़ज़ाना न्यायप्रिय लोगों के हाथों में महकता-चमकता हुआ पुष्पहार सिद्ध होगा तथा यही अमानुषों की आँखों में आग का गोला बनेगी। आमीन!

हमारे विचार
जो सदैव हर्ष एवं उल्लास से पूर्ण रहते हैं
उसका कारण केवल यह है
कि हम आसमान के भेदों का श्रोत हैं
यह पुस्तक भी ईरान की धार्मिक पुस्तकों का ही एक भाग है
इस रचना के आधार पर हम अपने आपको
सासानी वंश का छंग शासक कह सकते हैं।

❑❑❑